D1721127

Schweizer Wirtschaftseliten 1910–2010

André Mach
Thomas David
Stéphanie Ginalski
Felix Bühlmann

Übersetzt von
Adrian Zimmermann

HIER UND JETZT

4 Inhalt

Zweiter Teil:
Organisierte Interessen und politisches
Engagement der Schweizer Wirtschaftseliten 69

«Die grossen Familien, welche Geschichte gemacht haben, die Willes, Sprechers, Bührles, Sulzers, Ballys, Boveris etc. haben kein Interesse daran, ihre jüngsten Vergangenheiten ans Licht kommen zu lassen. Die Legalität ist dabei auf ihrer Seite, der Privatbesitz an Archivmitteln bekanntlich gesetzlich geschützt, so gut wie der Privatbesitz an Produktionsmitteln.»[1]

Ende der 1980er-Jahre schilderte Niklaus Meienberg im Detail die Schwierigkeiten, auf die er stiess, als er eine Biografie Ulrich Willes verfassen wollte. Der Oberbefehlshaber der Schweizer Armee im Ersten Weltkrieg sympathisierte offen mit dem deutschen Kaiserreich und war das berühmteste Mitglied eines in Armee und Wirtschaft einflussreichen «Clans».

Viele Faktoren hemmten die Erforschung der Wirtschaftseliten. Schwer zugängliche Informationen etwa und ein ideologisches Klima, das Diskretion zur Tugend verklärt und den Mythos einer demokratischen und egalitären Schweiz hochhält. Das heisst nicht, dass überhaupt keine Studien vorliegen. Doch beschäftigte sich die Geschichtswissenschaft in der Schweiz bisher vor allem mit den privilegierten Gesellschaftsklassen des Ancien Régime und mit dem Patriziat einiger Städte. Wo sie die jüngere Vergangenheit in den Blick nahm, konzentrierte sie sich auf spezifische Branchen oder auf Biografien der grossen «Un-

ternehmer», welche die Erfolgsgeschichte der Schweiz
prägten. Aber gerade Schlüsselbranchen der Schweizer
Wirtschaft wie der Banken- und Versicherungssektor
wurden vernachlässigt, weil es keinen Zugang zu den
Archiven gab. Unbestritten ist, dass eine Gesamtsicht
auf die Wirtschaftseliten des 19. und 20. Jahrhunderts
fehlt; eine «Kollektivbiografie» dieser mächtigen Sozi-
algruppe bleibt ein Desiderat.[2] Es gab zwar entsprechende Versuche, doch fehlte ihnen entweder die em-
pirische Grundlage, oder sie waren stark ideologisch
gefärbt.

   In den 1930er- und 1940er-Jahren prangerten linke Gewerkschafter, Journalisten und Intellektuelle die
Macht der Wirtschaftseliten an. Georges Bähler alias
Pollux (1895–1982) untersuchte die wechselseitige
Durchdringung von Wirtschaft und Politik. In einer
1944 publizierten Arbeit zeigt er, dass das Land von
200 Familien beherrscht wird, von denen viele zur alten Aristokratie und dem Patriziat gehören. 1965 be-
auftragte der Bundesrat den Zürcher Rechtsanwalt
Georg Gautschi damit, einen Bericht über die Not-
wendigkeit einer Reform des Aktienrechts zu verfassen
und entsprechende Vorschläge zu erarbeiten. Im Jahr
darauf legte Gautschi einen mehr als 700 Seiten umfassenden Rapport vor, in dem er die Funktionsweise
der Schweizer Grossunternehmen scharf kritisierte.
Die Wirtschaftseliten, urteilt er darin, würden einen
verschworenen Zirkel bilden und in den Firmen oft
wenig demokratisch handeln: «Vererbung und Heirat
in Unternehmerkreisen und die Verflechtung gleichar-
tiger Interessen haben bewirkt, dass ein relativ kleiner
Kreis von Personen die Verwaltungsratspositionen in
den bedeutenden Unternehmungen besetzt [...]. Der
Kreis erweitert sich da und dort durch Bankenvertre-

ter, die seltener auf Grund von Kreditgewährung als auf Grund der Stimmkraft von Depotkunden oder verwalteten Anlagefonds beigezogen werden.»[3] Die betroffenen Milieus reagierten heftig, und der Bericht wurde nie publiziert, aus Angst, er könne eine «öffentliche Polemik» auslösen.

In den 1970er-Jahren hinterfragten mehrere kritische Darstellungen den Aufstieg des «helvetischen Imperiums» seit dem 19. Jahrhundert. Im Lauf des 20. Jahrhunderts hatte sich die Schweiz zu einer blühenden Volkswirtschaft entwickelt, deren Motor unzählige, in der ganzen Welt präsente, multinationale Konzerne waren. Autoren wie Lorenz Stucki oder François Höpflinger beklagten, dass die wirtschaftliche Macht in den Händen eines sehr kleinen Kreises konzentriert war, der im Wesentlichen aus «grossen» Familien bestand, die die wichtigsten Schweizer Firmen mit strategischen Aktienpaketen kontrollierten. Diese Analysen lieferten zwar wertvolle Informationen, blieben aber sehr allgemein. Weil es von einigen Ausnahmen abgesehen kaum weiterführende und vertiefende Studien gab, blieb die Erforschung der Wirtschaftseliten nach diesen Pionierwerken ohne Fortsetzung.

Zwar gibt es Anzeichen, dass es einfacher geworden ist, über die Schweizer Wirtschaftseliten zu forschen und zu schreiben: Das Internet macht viele Informationen über Unternehmen öffentlich zugänglich. Dasselbe gilt für die «Rankings», beispielsweise die Rangliste der 300 reichsten Schweizerinnen und Schweizer, die das Magazin «Bilanz» seit 1989 jährlich zusammenstellt. Zudem müssen die Konzerne heute transparenter informieren, um die Anleger an den Börsen zu befriedigen – das geht so weit, dass die Löhne und Boni der meisten Verwaltungsratspräsidenten und

CEOs heute bekannt sind. Dennoch: Liest man die (Wirtschafts-)Presse, staunt man noch immer über die häufig hagiografische und oberflächliche Berichterstattung über die Wirtschaftseliten. In ganzen Artikeln werden die Geschäftsstrategien der Wirtschaftsführer, ihre persönlichen Verdienste oder ihr philanthropisches Engagement gepriesen. Ein beliebtes Thema ist der Leistungskult der Spitzenmanager. Viel Tinte wird vergossen, um ihre sportlichen Exploits – etwa im Lauf- und Wassersport – oder ihren höllischen Arbeitsrhythmus herauszustreichen. Die Aussage, man beginne den Arbeitstag um 4 oder 5 Uhr morgens, ist zur obligaten Passage jedes Interviews mit einem Wirtschaftsführer geworden.

Nichts oder kaum etwas ist dagegen über die Bedingungen und Umstände zu erfahren, die den Erfolg der Spitzenkader erklärten. Es entsteht der Eindruck, der Erfolg der Entscheidungsträger sei allein ihren – gewiss oft grossen – persönlichen Fähigkeiten und Verdiensten zu verdanken. Die sozialen Mechanismen, die ihren Aufstieg erleichterten, werden verschwiegen. Dazu zählen das Familienvermögen, Studien an prestigeträchtigen Bildungsinstitutionen oder die Teilnahme an einflussreichen gesellschaftlichen Netzwerken.

Diese Lücken wollen wir mit unserem Buch schliessen: Die vorliegende Kollektivbiografie der obersten Kader der grossen Schweizer Unternehmen beleuchtet die Faktoren, die zur Entstehung und Reproduktion der Wirtschaftseliten beitragen, und zeigt auf, wie sich das Profil der Wirtschaftsführer über mehr als ein Jahrhundert entwickelt hat. Mit dem Buch, das als Kollektivarbeit entstanden ist und sich auf eine Datenbank mit mehr als 20 000 biografischen

Einträgen stützt, legen wir erstmals eine Überblicksdarstellung zu den Schweizer Wirtschaftseliten im 20. und frühen 21. Jahrhundert vor.

Was zeigen wir in diesem Buch? Bis in die 1980er-Jahre zeichnet sich das soziologische Profil der Wirtschaftseliten durch eine gewisse Stabilität und Kontinuität aus. Schematisch liesse sich ein Schweizer Wirtschaftsführer folgendermassen beschreiben: männlich, Schweizer Staatsbürger, Jurist, freisinnig, Milizoffizier, in mehreren Verwaltungsräten von Grossunternehmen (siehe erster und zweiter Teil). Doch im Lauf der letzten 30 Jahre führte die Globalisierung und die zunehmende Finanzialisierung der Wirtschaft zu grossen Umwälzungen. Die Anzahl Ausländer an der Spitze der Unternehmen nahm stark zu. Wirtschaftswissenschaftliche Studien oder ein Master of Business Administration (MBA)* – der im Idealfall an einer prestigeträchtigen angelsächsischen Universität erworben wurde – traten an die Stelle der juristischen Ausbildung. Neue Institutionen wie *Business Schools* und die internationalen Beratungs- und Revisionsgesellschaften mauserten sich zu wichtigen Orten der Ausbildung und Beziehungspflege. Umgekehrt lockerten sich die Verbindungen zwischen Wirtschaft und Politik. Auch die Verflechtungen zwischen den Grossunternehmen verloren stark an Bedeutung. Doch trotz des Umbruchs blieben traditionelle Auswahlmechanismen wirksam: Nach wie vor erreichen nur sehr wenige Frauen und Arbeiterkinder wirtschaftliche Spitzenpositionen. Zudem bleibt die Armee – obschon sie

---

* Die MBA sind betriebswirtschaftliche Titel, die ursprünglich von den amerikanischen *Business Schools* entwickelt worden sind. Diese auch, aber nicht ausschliesslich universitären Ausbildungsgänge werden oft nach einigen Jahren Berufspraxis absolviert, haben einen berufsbildenden Charakter und ziehen ein internationales Publikum an.

an Einfluss verloren hat – ein Ort, an dem Schweizer
Eliten ausgebildet und sozialisiert werden.

Die Schweizer Wirtschaftseliten unterscheiden
sich von denjenigen anderer europäischer Länder dadurch, dass sie gleichzeitig in mehreren Machtsphären vertreten sind. Das gilt vorab für die Politik, aber
auch für die militärischen, kulturellen, wissenschaftlichen und philanthropischen Bereiche. Warum ist das
so? Das Milizsystem hat den Bundesstaat seit seiner
Gründung 1848 geprägt, daher die enge Verflechtung
zwischen der wirtschaftlichen, militärischen und politischen Macht. Hinzu kommt die Kleinräumigkeit
des Landes, die zu einer überschaubaren Eliteforma-
tion geführt hat, in der, dank einer Vielzahl von gesellschaftlichen Netzwerken, «jeder jeden kennt». Das aus
der Kleinräumigkeit des Landes heraus entstandene
Gefühl der Verletzlichkeit führte zu einer engen Ko-
operation zwischen sektoriellen und regionalen Eliten,
obwohl diese nicht selten voneinander abweichende
Interessen vertreten. Einige Beobachter haben das
schweizerische System der «Corporate Governance»
deshalb als «Alpenfestung» charakterisiert: Vom Ersten
Weltkrieg bis in die 1980er-Jahre wurde Ausländern
der Zugang zur Spitze von Schweizer Grossunternehmen erschwert oder ganz verwehrt. Diese relative Abschottung war in einem gewissen Sinn paradox, fand
sie doch vor dem Hintergrund einer Öffnung gegenüber den Weltmärkten und einer starken Expansion
der multinationalen Konzerne statt.

Das Milizsystem, die geringe Grösse des Landes
und die grosse Abhängigkeit von den internationalen
Märkten erklären also den Einfluss und die engen Beziehungen zu den anderen Machtsphären, die die Wirtschaftseliten hierzulande haben. In seinem Klassiker

über die amerikanischen Eliten führte der Soziologe
C.Wright Mills vor 50 Jahren den Begriff der «Machtelite» («power elite») ein, um die Organisation und
die Funktionsweise der damals herrschenden Kreise
zu erfassen. Mit dem Begriff umschrieb Mills «diejenigen politischen, wirtschaftlichen und militärischen
Gruppen […], die als kompliziertes Gebilde einander
überschneidender Kreise an allen Entscheidungen
von zumindest nationaler […] Tragweite teilhaben».[4]
Aufgrund ihrer Führungspositionen in den wirtschaftlichen, politischen und militärischen Einflusssphären
zählen diese Akteure zu den wichtigsten Entschei-
dungsträgern der Gesellschaft. Ohne Zweifel gehören
Schweizer Wirtschaftsführer zu einer «Machtelite», wie
sie Mills für die USA definierte.

Methode:
Wie studiert man Wirtschaftseliten?

Dieses Buch fasst die Ergebnisse des For-
schungsprojekts «Die schweizerischen Eliten
im 20. Jahrhundert: Ein unabgeschlossener
Differenzierungsprozess?» zusammen. Geleitet
wurde das vom Nationalfonds finanzierte Projekt von André Mach und Thomas David. Im
Rahmen des Projekts entstand eine umfang-
reiche Datenbank mit Angaben zu Personen,
die in den Jahren 1910, 1937, 1957, 1980, 2000
und 2010 Führungspositionen in Wirtschaft,
Politik und Verwaltung bekleideten. Die in
diesem Buch präsentierten Daten und Analysen stützen sich auf diese Datenbank.[5] Im von

uns verwendeten Ansatz der Kollektivbiografie
entsteht Geschichte auf der Basis von systema-
tisch gesammelten Indikatoren zu einer sozialen Gruppe, die nach einheitlichen und trans-
parenten Kriterien ausgewählt wurde.

Was ist im Folgenden unter Wirtschaftseliten zu verstehen? Ob eine Person zu dieser
Gruppe gehört, wird über die Machtposition
bestimmt, die sie besetzt. Als Wirtschaftseliten bezeichnen wir also die Führungspersonen
der wichtigsten Schweizer Unternehmen, aber
auch die Vorstandsmitglieder der wichtigsten
Unternehmerverbände, welche in der Schweiz
eine Schlüsselrolle spielen.

Wie identifizierten wir diese Individuen?
Wir wählten zunächst für jedes der Stichjah-
re mittels einer Kombination von Umsatz,
Börsenkapitalisierung und Anzahl Beschäftigte die 110 wichtigsten Unternehmen aus.[6]
Darauf identifizierten wir die operativen Führungskräfte (Generaldirektor, Delegierter und
Präsident des Verwaltungsrats) sowie die Verwaltungsratsmitglieder dieser Firmen. Dabei
gilt es zu beachten, dass das Schweizer Recht
den Unternehmen einen grosszügigen Hand-
lungsspielraum lässt, wie sie ihre Organisation gestalten. Historisch betrachtet bildet der
Verwaltungsrat das wichtigste Organ, denn er
ist gleichzeitig für die strategische Ausrichtung und die operative Geschäftsführung zuständig. Allerdings werden die ausführenden
Funktionen meist einer separaten Generaldirektion oder Delegierten übertragen, die an
den Verwaltungsratssitzungen teilnehmen und

mit der operativen Leitung der Gesellschaft betraut sind.

Je nach Kapitel und behandelter Thematik verwenden wir eine andere Stichprobe:

Für die leitenden Direktoren haben wir detaillierte biografische Angaben zur sozialen Herkunft, dem Geschlecht, der Nationalität, der Ausbildung, dem militärischen Rang, dem Karriereverlauf sowie den verschiedenen wirtschaftlichen und politischen Mandaten gesammelt. Für jedes Unternehmen haben wir den Verwaltungsratspräsidenten und den Generaldirektor (oder den Verwaltungsratsdelegierten) erfasst. Diese Informationen dienen unserer Kollektivbiografie als Grundlage (siehe im Besonderen erster Teil und Kapitel 9).

Für die Verwaltungsratsmitglieder mussten wir uns, wegen der Grösse der Gruppe, auf die Kriterien Geschlecht, Nationalität sowie wirtschaftliche und politische Mandate beschränken und konnten keine detaillierteren Analysen durchführen.

Basierend auf der Zusammensetzung der Verwaltungsräte konnten wir Netzwerkanalysen zu den Verflechtungen zwischen den Firmen erstellen (Kapitel 5 und 10).

Schliesslich haben wir die Mitglieder der Leitenden Ausschüsse und die festangestellten Sekretäre der wirtschaftlichen Spitzenverbände erhoben: der Economiesuisse (vormals Schweizerischer Handels- und Industrieverein SHIV), des Schweizerischen Gewerbeverbands (SGV), des Zentralverbands Schweizerischer Arbeitgeber-Organisationen (ZSAO, heute Schwei-

zerischer Arbeitgeberverband SAV), sowie des
Schweizerischen Bauernverbands (Kapitel 6–8
und 11).

Für die Erhebung dieser Informationen
waren uns – um nur die wichtigsten zu nennen
– die folgenden Quellen und Nachschlagewer-
ke besonders dienlich: das Historische Lexikon
der Schweiz (HLS), die Diplomatischen Doku-
mente der Schweiz (Dodis), die Firmendoku-
mentationen des Schweizerischen Wirtschafts-
archivs in Basel, aber auch die Reihe *Schweizer
Pioniere der Wirtschaft und Technik*.

Erster Teil

Wie wird man
Wirtschaftsführer?

Die Schweiz blieb von den beiden Weltkriegen weitgehend verschont und war während des 20. Jahrhunderts durch eine hohe soziale und politische Stabilität
geprägt. Diese zwei Faktoren begünstigten das Wachstum der wichtigsten Unternehmen im Land. Auch das
soziologische Profil der Schweizer Wirtschaftsführer
zeichnete sich durch eine hohe Stabilität aus. Aber
welche Ressourcen und Fähigkeiten waren es, die ihnen den Aufstieg an die Spitzen der grössten Unternehmen erleichterten? Im ersten Teil des Buchs, der
sich auf die Jahre 1910–1980 konzentriert, beleuchten
wir die sozialen Merkmale der Schweizer Wirtschaftselite. Diese widerspiegeln auch den Charakter der
Grossunternehmen und geben Aufschluss über die
Gesellschaftsstruktur als Ganzes.

Drei Faktoren prägten die Wirtschaftelite im
20. Jahrhundert. Erstens lässt sich von einem doppelten Ausschluss sprechen, der Frauen und Ausländer
betraf. Bis in die 1980er-Jahre gab es kaum weibliche
oder ausländische CEOs und Verwaltungsräte. Seit
dem Ersten Weltkrieg zogen die Unternehmen – trotz
ihrer frühen Internationalisierung – Schweizer Staatsangehörige vor, wenn es darum ging, die Mitglieder
ihrer Leitungsorgane zu rekrutieren. Dahinter stand
der Versuch, sich gegen ausländische Übernahmen
zu schützen (Kapitel 1). Frauen dagegen blieben von
wirtschaftlichen Machtpositionen weitgehend ausgeschlossen, was wenig überrascht, wurden ihnen doch
auch politische Rechte bis in die frühen 1970er-Jahre
verwehrt (Kapitel 2). So blieben Frauen und ausländische Staatsangehörige in den Schweizer Wirtschaftseliten lange Aussenseiter.

Der zweite Faktor ist die anhaltende Machtaus-
übung und Kontrolle, die wichtige Gründerfamilien

über ihre Firmen behielten. Obschon das Firmenkapital geöffnet und Firmen in Aktiengesellschaften umgewandelt wurden, hielt sich der Einfluss dieser Familien bis weit ins 20. Jahrhundert. Die Spitzen von Grossunternehmen bildeten vielfach eigentliche Dynastien. Das hatte direkte Auswirkungen auf die soziale Herkunft der Wirtschaftsführer. «Nachkommen» blieben in den Führungspositionen weiterhin präsent. Gleichwohl konnte sich auch der Typ des professionellen Managers, der nicht der Eigentümerfamilie entstammt, durchsetzen. Familienfremde Manager übernahmen – oft in Zusammenarbeit mit den Firmenerben – vermehrt operative Leitungsfunktionen (Kapitel 3).

Von Bedeutung für den Aufstieg in die Führungsspitzen von Unternehmen war, drittens, die Ausbildung. Denn obwohl Eliteschulen nach französischem Muster in der Schweiz fehlten, waren Personen, die Fächer wie Recht oder Ingenieurwissenschaften studiert hatten, im Vorteil. Einer Karriere in Grossunternehmen dienlich war zudem eine Offizierslaufbahn in der Milizarmee, die Führungsstärke attestierte und weltanschauliche Kohärenz herstellte. So stärkte die Offiziersausbildung, die wiederum Frauen und Ausländer ausschloss, die gemeinsame Weltsicht der Wirtschaftseliten (Kapitel 4).

Diese drei Faktoren ermöglichten die Entstehung eines eng verflochtenen und homogenen Wirtschaftsestablishments. Die Unternehmerelite war das Produkt einer Personalpolitik, die auf eine Logik sozialer Exklusivität und das Verfahren der Kooptation – die Wahl neuer Mitglieder durch bestehende – setzte. Der dritte Teil der Studie wird zeigen, wie diese Mechanismen ab den 1990er-Jahren zunehmend infrage gestellt wurden.

Kapitel 1

Zwischen Internationalisierung und Protektionismus

«Auf Grund unserer heutigen Besprechung bestätige ich Ihnen, dass Sie mir am 14. September telephonisch die schwerwiegenden kriegswirtschaftlichen Verhältnisse als Grund angegeben haben, weshalb meine Demission als Mitglied des Verwaltungsrates der Aktiengesellschaft der Eisen- und Stahlwerke vormals Georg Fischer dringend notwendig ist.»[7]

Mit diesen Worten begründete Immanuel Lauster 1939 seinen Austritt aus dem Verwaltungsrat der Firma Georg Fischer, dem er seit 1930 angehörte. Die an Ernst Homberger, den Hauptaktionär und Verwaltungsratspräsidenten, gerichteten Zeilen lassen durchblicken, dass dieser seinen deutschen Kollegen zum Rücktritt aufgefordert hatte. Um das zu verstehen, muss man Folgendes wissen: Während des Ersten Weltkriegs waren Schweizer Firmen mit deutschen Verwaltungsräten wie Maggi oder die Aluminium Industrie Aktiengesellschaft (AIAG, ab 1963 Alusuisse) von den Alliierten verdächtigt worden, für Deutschland zu arbeiten. Gewisse Firmen waren deswegen boykottiert worden, bei anderen war Guthaben beschlagnahmt worden. 1939, bei Ausbruch des Zweiten Weltkriegs, befürchtete Ernst Homberger wahrscheinlich ähnliche Sanktionen seitens der Gegner Deutschlands, was sich bei einigen Unternehmen dann auch bewahrheiten sollte.

Diese Episode macht deutlich, wie brisant es in der ersten Hälfte des 20. Jahrhunderts war, wenn Ausländer in Leitungsgremien von Unternehmen einsassen. Sie zeigt zudem, wie die Schweizer Eliten die Präsenz von Ausländern einzuschränken versuchten, obschon sich die Geschäftstätigkeit der Grossunternehmen stark internationalisierte. Das war nicht immer so. Die lange Phase des «nationalen Rückzugs», die im Ersten Weltkrieg ihren Anfang nahm und bis in die 1980er-Jahre andauern sollte, hatte einer ersten Internationalisierungsphase der Eliten ein Ende gesetzt. Diese hatte in der zweiten Hälfte des 19. Jahrhunderts begonnen und war insbesondere von einer starken Präsenz deutscher Manager geprägt gewesen.

Die Internationalisierung der Eliten vor dem Ersten Weltkrieg

In der Gegenwart zeichnen sich Schweizer Grossunternehmen durch stark internationalisierte Führungsriegen aus (Kapitel 9). Diese Internationalität gilt es historisch einzuordnen. Entgegen einer verbreiteten Ansicht ist die Globalisierung der Wirtschaft nicht erst eine Episode der jüngsten Geschichte. Vielmehr ist der Kosmopolitismus der Eliten wohl so alt wie der wirtschaftliche Austausch selbst.[8] Allerdings wissen wir in historischer Perspektive noch wenig darüber, wie stark und in welcher Form die Schweizer Wirtschaftseliten internationalisiert waren. In diesem Kapitel konzentrieren wir uns deshalb auf die Präsenz von Ausländern in Schweizer Unternehmensleitungen. Dies ist aber nicht der einzige Indikator für die starke Internationa-

lisierung. So absolvierten die Schweizer Eliten seit Anfang des 20. Jahrhunderts häufig auch Ausbildungen
und Praktika im Ausland (Kapitel 4).

1910, wenige Jahre vor dem Ausbruch des Ersten Weltkriegs, waren 11 Prozent der Generaldirektoren, Verwaltungsratspräsidenten und -delegierten
der wichtigsten Schweizer Firmen Ausländer. In der
Zwischenkriegszeit nahm der Ausländeranteil rasch
ab und verharrte bis in die 1980er-Jahre unter der
Fünf-Prozent-Schwelle (Tabelle 1).

Tabelle 1

Staatsangehörigkeit der Spitzenmanager der 110 grössten Schweizer
Unternehmen, 1910–1980 (in Prozenten)

	1910 (N=809)	1937 (N=739)	1957 (N=828)	1980 (N=887)
Schweiz	71,3	84,4	80,6	81,9
Ausland	11,1	4,5	3,0	3,6
Keine Angabe	17,6	11,1	16,4	14,5
Total	100,0	100,0	100,0	100,0

Stichprobe: Verwaltungsratsmitglieder und Generaldirektoren.

Die Präsenz ausländischer Wirtschaftsführer um 1910
lässt sich leicht erklären. Die Wirtschaft war am Vorabend des Ersten Weltkriegs bereits stark internationalisiert, sowohl was die Exporte als auch was die Direkt-
investitionen im Ausland betraf. Auch entwickelte sich
die Schweiz, traditionell ein Auswanderungsland, ab
Ende des 19. Jahrhunderts zum Einwanderungsland.

Diese Umkehr der Migrationsbewegungen war ein Ergebnis des Wirtschaftswachstums, das sich während der zweiten Hälfte des 19. Jahrhunderts beschleunigt hatte. Die Zweite industrielle Revolution führte zu einem hohen Bedarf an neuen Arbeitskräften. So lag der Anteil der ausländischen Staatsangehörigen an der Schweizer Wohnbevölkerung 1910 bei 14,7 Prozent; in der Wirtschaftselite hatten die Ausländer einen ähnlich hohen Anteil (Tabelle 1). Noch also stand der Zugang zur Macht in den Schweizer Grossunternehmen auch Ausländern offen. Einschränkende Massnahmen wurden erst während des Ersten Weltkriegs eingeführt.

Bei den Herkunftsländern der ausländischen Wirtschaftsführer dominierten die Nachbarländer: 60 Prozent stammten aus Deutschland, 23 Prozent aus Frankreich und 6 Prozent aus Italien. Der hohe Anteil von Deutschen lässt sich durch die engen wirtschaftlichen und kulturellen Beziehungen erklären, die die Schweiz zu ihrem nördlichen Nachbarland unterhielt. Deutschland war Anfang des 20. Jahrhunderts der wichtigste Handelspartner der Schweiz, und eidgenössische Industrieunternehmen und Finanzgesellschaften richteten sich stark am deutschen Markt aus. Zudem lebten damals viele Deutsche in der Schweiz.

Auch die weiteren ausländischen Wirtschaftsführer stammten – mit Ausnahme von zwei Amerikanern – überwiegend aus europäischen Ländern. Das internationale Einzugsgebiet der Schweizer Wirtschaftselite zu Beginn des 20. Jahrhunderts blieb also beschränkt. Man kann daher nicht von einer Globalisierung im heutigen Sinn sprechen.

Ausserdem waren nicht alle Wirtschaftszweige in gleicher Weise internationalisiert. Ausländern besonders offen stand der Banken- und Finanzsektor. So wurden 1910 17 Prozent der Direktions- und Verwaltungsratsmandate in diesen Sektoren von Ausländern gehalten. Dieser hohe Anteil erklärt sich durch die Ansiedlung von Finanzgesellschaften, die zwar eine schweizerische Rechtspersönlichkeit hatten, deren Kapital aber – zumindest teilweise – in ausländischer Hand war. Finanzgesellschaften wie die Elektrobank, die Motor AG oder die Société franco-suisse pour l'industrie électrique (SFSIE) wurden Ende des 19. Jahrhunderts von ausländischen Firmen in der Schweiz gegründet. Einerseits befand sich der Schweizer Finanzplatz damals noch in seiner Entstehungs- und Aufbauphase und war deshalb nicht immer in der Lage, der Industrie das nötige Kapital zur Verfügung zu stellen. Andererseits war der Schweizer Finanzmarkt für Ausländer attraktiv, weil die Schweiz ein neutraler und politisch stabiler Staat war. Finanzgesellschaften spielten für die Schweizer Industrie eine wichtige Rolle, vor allem für die Unternehmen der Elektrizitätsbranche mit ihrem hohen Investitionsbedarf. Beispielsweise wurde die Elektrobank – aus der 1946 die Elektrowatt entstehen sollte – 1895 in Form einer Holding von einer der wichtigsten deutschen Firmen, der Allgemeinen Elektricitäts-Gesellschaft (AEG), in Zürich gegründet. Ziel der Firmengründung war es, der Schweizer Elektrizitätswirtschaft Kredite zur Verfügung zu stellen und gleichzeitig neue Absatzmärkte für die Muttergesellschaft zu erschliessen. Dieser Entstehungsprozess erklärt, wieso der Verwaltungsrat der Elektrobank auch danach lange mehrheitlich aus Deutschen bestand.

Auch die Führungsspitzen der Maschinen-, Elektro- und Metallindustrie internationalisierten sich am Vorabend des Ersten Weltkriegs. Allerdings konzentrierten sich die Ausländer meist auf einige spezifische

Unternehmen. Im Verwaltungsrat der AIAG etwa sassen acht deutsche Mitglieder (von insgesamt 16 Verwaltungsräten), weil dieser Konzern 1888 von einer überwiegend aus deutschen Financiers bestehenden Gruppe gegründet worden war. Auch bei Brown, Boveri & Cie (BBC) waren sieben von insgesamt elf Verwaltungsratsmitgliedern Engländer und Deutsche. Dies nicht zuletzt deshalb, weil die Firma 1891 vom Deutschen Walter Boveri (1865–1924) und vom Engländer Charles Brown (1863–1924) gegründet worden war. Dagegen fanden sich in der Chemie- und der Textilbranche nur sehr wenige Ausländer.

Diese Beispiele deuten an, wie vielfältig die Profile der Ausländer an der Spitze von Schweizer Grossunternehmen Anfang des 20. Jahrhunderts waren. Drei Hauptkategorien lassen sich unterscheiden: Zur ersten zählen Eigentümer und Gründer, sprich Personen, die ein Unternehmen gründeten oder erwarben, nachdem sie in die Schweiz eingewandert waren. Beispiele für diese Gruppe sind wiederum Walter Boveri und Charles Brown.*

Die beiden Männer trafen sich während ihrer Zeit bei der Maschinenfabrik Oerlikon (MFO), einer anderen grossen Firma der Schweizer Elektroindustrie. Bis in die 1960er-Jahre finden sich mehrere Mitglieder der Familien Brown und Boveri an der Spitze der BBC, der seit Anfang des 20. Jahrhunderts eine schnelle internationale Expansion gelang.

Zur zweiten Ausländerkategorie zählen Personen, die allmählich in der Firmenhierarchie aufstiegen, bis sie in Leitungsfunktionen gelangten. Dies war etwa

---

*   Charles (Eugen Lancelot) Brown war allerdings bereits selber ein «Secondo». Sein Vater Charles Brown war ab 1851 bei Sulzer tätig und gründete 1871 die Schweizerische Lokomotiv- und Maschinenfabrik (SLM).

beim deutschen Ingenieur Heinrich Zoelly der Fall, der
bei Escher Wyss Karriere machte, bevor er dort Verwaltungsratsdelegierter wurde, oder auch beim Norweger
Olaf Kjelsberg, dem Generaldirektor der Schweizerischen Lokomotiv- und Maschinenfabrik (SLM).

Ausländer dieser beiden ersten Kategorien waren
im Allgemeinen gut ins Schweizer Wirtschafts- und
Sozialgefüge eingebettet. Manche von ihnen liessen
sich später sogar einbürgern. Bisweilen heirateten
sie auch Frauen aus mächtigen Schweizer Familien.
Walter Boveri zum Beispiel heiratete sich in die in der
Seidenindustrie tätige Zürcher Familie Baumann ein;
der Deutsche Carl Russ vermählte sich mit der Tochter von Philippe Suchard, dem Gründer der gleichna-
migen Schokoladefabrik, und wurde nach dem Tod
seines Schwiegervaters 1884 Verwaltungsratspräsident
der Firma.

Nur oberflächliche Beziehungen zur Schweiz
pflegte dagegen die dritte Kategorie von ausländischen
Eliteangehörigen. Sie war mit der bereits erwähnten
Kapitalzirkulation und damit dem Finanzsektor verbunden. Meist besetzten diese Ausländer einen Verwaltungsratssitz in einer Finanzgesellschaft, um ihre
Investitionen kontrollieren zu können. Nur selten aber
liessen sie sich dauerhaft in der Schweiz nieder. Dies
war bei Emil Rathenau der Fall, der 1838 in Berlin ge-
boren wurde und als Gründer der AEG eine prägende
Figur der deutschen Elektroindustrie war. Er zählte
zu den Gründern der AIAG und der Elektrobank und
sass in beiden Unternehmen auch im Verwaltungsrat.
Sein Sohn Walther übernahm seine Nachfolge. Anfang des 20. Jahrhunderts trat er in das Familienunternehmen ein und besetzte wichtige Funktionen in den
Schweizer Firmen, die mit der AEG verbunden waren:

Zwischen 1900 und 1918 war er Verwaltungsratsdelegierter der Elektrobank und bis 1915 Mitglied des Verwaltungsrats der BBC. Gleichwohl waren diese zwei Industriellen in erster Linie prägend für die deutsche Wirtschaftselite. Walther Rathenau wurde 1922 deutscher Aussenminister – und wurde in dieser Funktion 1923 von rechtsradikalen Gegnern der jungen deutschen Demokratie ermordet.

Der Rückzug ins Nationale nach 1914

Der Erste Weltkrieg bremste den Internationalisierungsprozess der Wirtschaftseliten. Waren Schweizer Industriebetriebe und Finanzgesellschaften Anfang des 20. Jahrhunderts noch stark grenzüberschreitend und vor allem nach Deutschland hin orientiert, führte der Krieg zu einem Rückzugsprozess und einer zunehmenden Autonomie dieser Firmen. Diese Entwicklung stand im Zusammenhang mit einer generellen Zunahme der Fremdenfeindlichkeit in der Schweiz: Der hohe Ausländeranteil – vor dem Krieg gelegentlich vage als «Ausländerfrage» thematisiert – wurde nach dem Kriegsausbruch klar mit der Angst vor einer «Überfremdung» verbunden. Zudem verdächtigten französische und britische Behörden gewisse Firmen der Kollaboration mit Deutschland, weil in ihren Verwaltungsräten Deutsche sassen.

Mit dem Ziel, Firmen vor ausländischen Investoren zu schützen, erliess der Bundesrat 1919 einen dringlichen Bundesbeschluss. In ihrem Bericht ans Parlament präzisierte die Regierung, sie beabsichtige, «nun die in der Schweiz niedergelassenen, nicht

schweizerisch orientierten juristischen Personen auf
den nationalen Weg zu führen oder doch ihm näher
zu bringen, indem er ihre leitenden Organe nationali-
siert».[9] Fortan musste eine Mehrheit der Verwaltungsratsmitglieder einer Firma im Land wohnen, und mindestens ein Verwaltungsratsmitglied hatte Schweizer
Staatsangehöriger zu sein. Weitere Schutzmassnah-
men wurden getroffen oder verschärft, etwa die Vinkulierung; sie zielte darauf ab, die Übertragbarkeit von
Namenaktien auf neue Anteilseigner einzuschränken.
Diese Praxis war nicht neu, sie figurierte schon im Ak-
tienrecht von 1881. Doch nach dem Ersten Weltkrieg
griffen immer mehr Schweizer Industrielle aus Angst
vor einer «Überfremdung» zum Mittel der Vinkulierung. Dabei weigerten sie sich insbesondere, ausländische Neueigentümer von Aktien ins Register einzutragen. Diese Massnahmen sollten mit der Revision des
Aktienrechts von 1936 noch verstärkt werden.

Als Folge dieser rechtlichen Verschärfungen wurden in der Zwischenkriegszeit viele ausländische Verwaltungsräte durch Schweizer ersetzt. Weil gerade
Ausländer oft nur dem Verwaltungsrat einer einzigen
Schweizer Firma angehörten, trug dieser Ausschluss
dazu bei, das Netz der über gemeinsame Verwaltungsratsmitglieder verbundenen Grossunternehmen zu
verdichten (Kapitel 5).

Der Rückgang ausländischer Verwaltungsräte
nach dem Ersten Weltkrieg war aber nicht allein eine
Reaktion auf rechtliche Massnahmen. Die deutsche
Niederlage und die Schwächung der wirtschaftlichen
Verbindungen zwischen Deutschland und der Schweiz
führten in der Elektrizitätswirtschaft zu einem Bruch
der finanziellen Beziehungen mit den deutschen Elek-
trokonzernen. Die Schweizer Grossbanken übernah-

men die finanzielle Reorganisation von Gesellschaften wie Elektrobank oder Motor und wurden ihre Hauptaktionäre. Generell fielen diese Jahre mit dem Aufstieg des schweizerischen Finanzplatzes zusammen. Dieser profitierte von der Stärke des Schweizer Frankens, der politischen Stabilität und Neutralität, tiefen Steuersätzen und dem 1934 mit dem Bankengesetz institutionalisierten Bankgeheimnis. Sein Wachstum führte dazu, dass sich die Verbindungen zwischen den Schweizer Grossbanken und den führenden Industriekonzernen intensivierten. Dies resultierte wiederum in einem deutlichen Rückgang der Anzahl Ausländer in den Verwaltungsräten der Industrie.

Die Konsolidierung der «Alpenfestung» (1940–1980)

Während des Zweiten Weltkriegs wurden die Abwehrmechanismen gegenüber Ausländern weiter verstärkt. Dieser Prozess setzte sich auch während des Kalten Kriegs fort, nicht zuletzt, weil sich die Unternehmen vor dem Ost-West-Konflikt zu schützen suchten. Die Schweizer Eliten befürchteten, dass im Fall einer kriegerischen Eskalation die internationalen Tätigkeiten ihrer Firmen erneut bedroht würden.

Während der zwei Jahrzehnte nach dem Zweiten Weltkrieg wurden die Argumente für die Beibehaltung der Vinkulierung angepasst. Die protektionistische Politik richtete sich von nun an auch gegen andere Aktionärskategorien als Ausländer. Deutlich wurde dies etwa in einem 1961 zwischen der Schweizerischen Bankiervereinigung (SBVg) und den börsenkotierten

Grossunternehmen beschlossenen *Gentlemen's Agreement*. In diesem verpflichteten sich die Banken dazu, gewisse Aktienkategorien nicht mehr an Neuaktionäre zu übertragen, die den von der Firma formulierten Bedingungen nicht entsprachen. Mit diesem Schritt richteten die Bankeliten ihre Position – auf Kosten ihrer unmittelbaren finanziellen Interessen und im Namen des «übergeordneten nationalen Interesses» – auf diejenige der industriellen Eliten aus. Die Vinkulierung wurde nicht mehr ausschliesslich als ein Kampfmittel gegen ausländische Investoren, sondern gegen alle unerwünschten Aktionäre eingesetzt – ob Schweizer oder Ausländer. Sie ermöglichte es insbesondere den Gründerfamilien, die Kontrolle über ihr Unternehmen zu behalten und ist ein Grund für die ausgeprägte Beständigkeit des Familienkapitalismus in der Schweiz (Kapitel 3).

Auch wenn die Schweizer Wirtschaftseliten den ausländischen Einfluss in ihren Betrieben einschränkten, führten sie den internationalen Austausch durchaus weiter – während des Kriegs nicht zuletzt mit Nazideutschland.[10] Die Aussenorientierung der Schweizer Wirtschaft verstärkte sich im Kalten Krieg noch.

So setzten die Schweizer Firmen zwischen 1918 und 1980 zwar ihre internationale Expansion fort, schränkten aber gleichzeitig die ausländische Teilhabe am Eigentum an und der Verfügungsgewalt über ihre Unternehmen drastisch ein. Erst unter dem Druck der wirtschaftlichen Globalisierung am Ende des 20. Jahrhunderts öffneten sich die Unternehmen erneut für Ausländer, und das noch viel stärker als zu Beginn des Jahrhunderts.

Die Wirtschaft als Männerbastion

Erst 1971 erhielten die Frauen das aktive und das passive Wahlrecht auf Bundesebene. Die im Vergleich mit anderen europäischen Ländern späte Einführung dieses Grundrechts ist aufschlussreich für ein strukturelles Profilmerkmal der Schweizer Eliten: das Fehlen von Frauen in Machtpositionen. Besonders das Wirtschaftsestablishment war – und bleibt bis heute – eine Männerbastion. Dabei beruhte die Ausgrenzung von Frauen nicht auf formellen Regeln; es war Frauen nie gesetzlich verboten, in einem Verwaltungsrat oder einem Unternehmerverband mitzuwirken. Trotzdem wurzelte die Dominanz der Männer tief. In Familienunternehmen blieb die Zuständigkeit der Frauen auf die Privatsphäre beschränkt. Für die generationelle Weitergabe von Machtfunktionen spielten sie dort eine zwar wenig sichtbare, aber unverzichtbare Rolle.

Struktureller Ausschluss der Frauen

Unzählige Studien belegen die Ausgrenzung von Frauen aus Machtpositionen. Bis heute bleibt sie im Bereich der Wirtschaft besonders stark: 2010 waren durchschnittlich 12,2 Prozent der Verwaltungsratsmitglieder der grössten europäischen Firmen Frauen – mit grossen Unterschieden zwischen den Ländern.[11] Um

zu verstehen, warum die Frauen in den Machtpositionen der Grossunternehmen kaum präsent sind, ist zu
untersuchen, wie die geschlechtsspezifische Arbeitsteilung entstanden ist. Die Industrialisierung, die Mitte
des 18. Jahrhunderts in England begann, dehnte sich
ab dem folgenden Jahrhundert auf die sogenannt entwickelten Länder aus. Sie ist zentral für die Heraus-
bildung der Arbeits- und Rollenteilung zwischen Frau
und Mann. Ersteren wurde zunehmend die unbezahl-
te Hausarbeit zugewiesen, während die bezahlte Arbeit
zur Männerangelegenheit wurde.[12] Die Hausfrauenrol-
le kristallisierte sich in der zweiten Hälfte des 19. Jahrhunderts heraus: Nicht zuletzt die (männlichen) bürgerlichen Eliten beschränkten den Wirkungskreis von
Frauen zunehmend auf den häuslichen Bereich. Dem
weiblichen Geschlecht sprachen sie spezifische Eigenschaften zu und andere ab: So galten etwa Empathie
und Fürsorge viel stärker als weibliche Qualitäten wie
Intelligenz. Betont wurden die biologischen Faktoren,
die die Frau zur Mutter machen. Trotz der kontinuier-
lichen Zunahme der Präsenz von Frauen auf dem Arbeitsmarkt nach dem Zweiten Weltkrieg, hielt sich die
im vorherigen Jahrhundert errichtete geschlechtsspezifische Arbeitsteilung weiter. Die Frauen, die beruflich
tätig wurden, arbeiteten hauptsächlich in gewissen, als
«weiblich» angesehenen Wirtschaftszweigen und Berufen, oder sie fanden sich auf den unteren Hierarchiestufen wieder.

Diesen generellen Tendenzen entging auch die
Schweiz nicht: 1910 waren nicht einmal ein Prozent der
Wirtschaftseliten Frauen (Tabelle 2). Nur vier Frauen
sassen in einem der Verwaltungsräte der 110 grössten
Unternehmen, und keine einzige übte eine der obers-
ten Leitungsfunktionen aus (Verwaltungsratspräsi-

dium oder Generaldirektion). Ihre Lage verbesserte sich in den folgenden Jahrzehnten nur unmerklich. In den vier erfassten Stichjahren 1910, 1937, 1957 und 1980 stehen 35 Frauen 3266 Männern gegenüber. Über den gesamten Zeitraum blieben Frauen von den leitenden Organen der wichtigsten Spitzenverbände der Unternehmerschaft (SHIV, ZSAO, SGV und SBVg) ausgeschlossen.

Tabelle 2

Frauenanteil unter den Spitzenmanagern der 110 grössten Schweizer Unternehmen, 1910–1980 (in Prozenten)

1910 (N=809)	1937 (N=739)	1957 (N=828)	1980 (N=887)
0,5	0,8	0,6	2,2

Stichprobe: Verwaltungsratsmitglieder und Generaldirektoren.

Neben Faktoren, die in allen europäischen Ländern wirksam waren, trugen auch einige spezifische Merkmale der Schweizer Eliten zum starken Ausschluss von Frauen bei. So ist etwa der Offiziersgrad in der Schweizer Armee ein Kriterium, das Männer bevorteilt, da der Militärdienst nur für sie obligatorisch ist (Kapitel 4). Die Rekrutierung von Verwaltungsratsmitgliedern über ein Kooptationssystem – bei dem schon amtierende die neuen Mitglieder bestimmen – ist ebenfalls ein Hindernis für Frauen. Dieses System stützt sich auf eine «Club-Logik»: Die Bisherigen wählen Personen aus, die denselben sozialen Kategorien angehören wie sie selbst. Frauen, aber auch Personen aus sozial bescheideneren Verhältnissen sind dabei be-

nachteiligt. Nicht zuletzt war auch der bis in die frühen
1970er-Jahre während Ausschluss von der politischen
Mitbestimmung ein Grund, weshalb der Aktionsradi-
us der Frauen auf die häusliche Sphäre begrenzt war.

Die unsichtbare Rolle der Frauen im Familienkapitalismus

Die wenigen Frauen in unternehmerischen Spitzenpositionen sind Ausnahmen, die die Regel bestätigen
(Tabelle 2). Die Verwaltungsrätinnen grosser Unternehmen in der ersten Hälfte des 20. Jahrhunderts eint
ein Merkmal: Sie waren alle mit der Familie verbunden, welche die Firma kontrollierte, sei dies als Ehe-
frau oder als Erbin. In der Tat wurde in dieser Zeit
der grössere Teil der Konzerne noch von einer Familie kontrolliert (Kapitel 3). So ist beispielsweise 1910
Elise Hoffmann (1845–1913) im Verwaltungsrat des
Basler Chemieunternehmens Roche. Sie sass dort an
der Seite ihres Sohnes, Fritz Hoffmann (1868–1920),
der das Geschäft 1896 mit seinem Vater gegründet
hatte. Gemeinsam mit ihrem Mann Gustav Hasler,
der das Unternehmen von seinem Vater geerbt hatte,
sass 1937 die Engländerin Marie Hasler-Simpson im
Verwaltungsrat der Hasler AG (Produktion von Tele-
grafen und Telefonen). Ein anderes Beispiel ist Frieda
Gyr-Schlüter, die holländischer Abstammung war und
1957 gemeinsam mit ihrem Bruder Otto Hermann
Schlüter (Verwaltungsratsdelegierter) im Verwaltungsrat von Landis & Gyr sass. Sie war die Witwe von Karl
Heinrich Gyr, der die Firma bis zu seinem Tod 1946
geführt hatte. In einer selteneren Konstellation über-

nahm Else Selve-Wieland (1888–1971) Anfang der
1930er-Jahre die Führung der Metallfabrik Selve in
Thun; dies nach dem Tod ihres Mannes Walther, der
das Unternehmen selbst von seinem Vater Gustav Selve (1842–1908) geerbt hatte. Else Selve war eine der
wenigen Frauen, die bis an die Spitze einer Grossun-
ternehmung aufstieg. Auslöser war wohl, dass in der
näheren Verwandtschaft keine geeigneten männlichen
Nachfolger bereitstanden, als ihr Mann starb. Der Fall
zeigt, dass – anders als in der Politik – es nicht die
rechtlichen Rahmenbedingungen waren, die Frauen
am Zugang zu Machtpositionen hinderten. Dennoch
blieben ihnen die Türen zu den Entscheidungsorganen
der Familienunternehmen meist verschlossen. So ging
zwar 1904 die Firma Robert Schwarzenbach & Co. –
damals eines der wichtigsten Seidenindustrieunter-
nehmen der Welt – nach dem Tod von Robert Schwarzenbach auf seine Frau Mina und ihre fünf Kinder
über. Doch obwohl Mina und ihre zwei Töchter Anteile an der Gesellschaft erbten, blieben sie im Unterschied zu den drei Söhnen «von der Geschäftsleitung
ausdrücklich ausgeschlossen».[13]
    Studien zur Wirtschaftselite beschränken sich –
sofern sie diese Frage nicht ganz einfach ignorieren –
meistens darauf, das Fehlen von Frauen in den Entscheidungsorganen der Unternehmen zu konstatieren.
Dennoch zeigen einige Forschungsarbeiten, dass die
Ehefrauen der Firmenchefs in Familienunternehmen eine tragende Rolle spielten. Diese war aber in-
formeller Natur und damit schwierig zu erfassen.[14]
Einerseits trugen die Frauen dazu bei, das Bild der
gemeinwohlorientierten Bürgerlichkeit zu stärken,
indem sie gesellschaftliche Netzwerke pflegten und
entwickelten – zum Beispiel über die Organisation

grosser Empfänge, Familienfeste und durch wohltätige Engagements. Andererseits offenbaren zahlreiche
Studien, wie wichtig Frauen für die Allianzen zwischen
den Unternehmerdynastien waren. Wie Philippe Sarasin am Beispiel der Basler Eliten der zweiten Hälfte
des 19. Jahrhunderts zeigt,[15] heirateten die Männer der
einflussreichen Familien meistens Frauen ihres sozialen Rangs. Diese Strategie erlaubte es, das Familienvermögen zu erhalten oder zu vergrössern. Aber die
Heirat hatte nicht nur eine wirtschaftliche Funktion;
sie diente auch dazu, die soziale Kohäsion des Milieus zu bewahren. Ein bezeichnendes Beispiel einer
solchen Heiratsstrategie war die 1896 zwischen Sidney
W. Brown (1865–1941) und Jenny Sulzer geschlossene Ehe. Beide stammten aus einflussreichen Familien
der Maschinenindustrie: Der Bräutigam war niemand
anders als der Bruder des BBC-Gründers, die Braut
gehörte der Familie Sulzer an, welche die gleichnami-
ge Winterthurer Firma besass. Solche Heiratsallianzen
verschwanden auch im 20. Jahrhundert nicht, ganz im
Gegenteil. Wir nennen hier nur zwei Beispiele: 1923
heirateten Hans Hürlimann (1891–1974), der Generaldirektor der Brauerei Hürlimann, und Gertrud Anna
Huber. Sie war die Tochter von Emil Huber, dem Generaldirektor der MFO und Pionier der Elektrifikation
des Schweizer Eisenbahnnetzes. 1944 schlossen Louis
von Planta (1917–2003) und Anne-Marie Ehinger
den Ehebund. Er sollte später zum Präsidenten und
Delegierten des Verwaltungsrats der Ciba-Geigy auf-
steigen, sie war die Tochter von Mathias Ehinger, dem
ehemaligen Präsidenten des Verwaltungsrats der Basler Privatbank Ehinger. Solche Heiratsbünde zwischen
mächtigen Familien spielten eine entscheidende Rolle
für die Reproduktion der herrschenden Klasse. Falls

keine männlichen Erben vorhanden waren, ermöglichten sie es zudem oft, den familiären Charakter eines Unternehmens dadurch zu bewahren, dass man es einem Schwiegersohn übertrug. Meistens stammte dieser selbst aus einer einflussreichen Industriellen- oder Kaufmannsfamilie. Allerdings gab es auch Fälle, in denen eine Heirat den Aufstieg eines Schwiegersohns aus sozial bescheideneren Verhältnissen erlaubte, der den «Makel» seiner Herkunft mit seinen grossen Berufskompetenzen kompensierte. So vererbte sich die Landwirtschaftsmaschinenfirma Bucher während vier Generationen vom Vater auf den Sohn, bis zu Jean Bucher (1875–1961), dessen Nachkommenschaft aus fünf Töchtern bestand. Das Unternehmen ging deshalb auf Walter Hauser-Bucher (1904–1967) über. Hauser-Bucher war Bauernsohn, verfügte aber über einen Abschluss als Maschineningenieur der ETH Zürich. 1934 heiratete er eine der Töchter von Jean Bucher, übernahm die Firma und vererbte sie danach an seine Kinder weiter. Bis weit in die zweite Hälfte des 20. Jahrhunderts spielten Mütter und Ehefrauen deshalb eine wesentliche Rolle für die Weitergabe von Machtfunktionen und Besitz innerhalb von Familienunternehmen.

Die Wende der 1970er-Jahre

Staatsbürger sein, hiess in der Schweiz bis 1971, ein Mann zu sein. Der Ausschluss der Frauen vom aktiven und passiven Wahlrecht auf Bundesebene hatte aber Auswirkungen, die über den politischen Bereich hinausgingen.[16]

Bis Anfang der 1970er-Jahre konzentrierten sich die
Forderungen der Frauenbewegung in erster Linie auf
das Frauenstimmrecht. Dies führte dazu, dass sich
die Entwicklung anderer Regulierungen, die die Ge-
schlechterbeziehungen betrafen, etwa in der Sozialge-
setzgebung, verzögerten.[17] Insbesondere bei der Teilnahme am Arbeitsmarkt erhöhen diese Verzögerungen
die Hindernisse für Frauen. Auch bei der Unterstützung der Mütter war die Schweizer Gesetzgebung besonders stark im Rückstand, die Mutterschaftsversi-
cherung trat erst 2005 in Kraft – 60 Jahre, nachdem
das entsprechende Prinzip in der Bundesverfassung
verankert worden war.

Die Ausdehnung des «allgemeinen» Stimmrechts
auf die Frauen 1971 stellte die Weichen für ihren künftigen Zugang zu Machtpositionen in der Gesellschaft.
Denn selbst wenn diese Verfassungsänderung keine direkte Wirkung auf den wirtschaftlichen Bereich hatte,
begünstigte der Eintritt der Frauen in die Politik doch
eine gewisse Öffnung in den Unternehmen. So veränderte sich die Präsenz von Frauen in den 110 grössten
Unternehmen ab den 1980er-Jahren deutlich: Zum einen waren sie zahlreicher vertreten. Auch wenn dieser
zahlenmässige Anstieg von einem bescheidenen Niveau ausging (fünf Frauen im Jahr 1957), so sind die
20 weiblichen Verwaltungsrätinnen und Direktorinnen
1980 für die Schweiz beachtenswert. Zweitens veränderte sich ihr Profil: Zwar waren einige dieser Frauen
immer noch Firmenerbinnen – so sass beispielsweise
die 1926 geborene Hortense Anda-Bührle im Verwaltungsrat von Oerlikon-Bührle. Die Mehrheit der Frau-
en jedoch gelangte an die Spitze von Unternehmen,
die sich nicht in Familienbesitz befanden. Häufig hatten sich diese Verwaltungsrätinnen des neuen Typs in

der politischen Arena einen Namen als Frauenrechtle-
rinnen gemacht und sich für einen (bürgerlichen) Fe-
minismus engagiert.

In der zweiten Hälfte des 20. Jahrhunderts öffne-
te sich die Welt der Grossunternehmen langsam auch
für Frauen. Diese Öffnung war allerdings stark vom
Fortwirken gewisser Geschlechterstereotypen geprägt:
Von den 20 1980 erfassten Frauen waren 13 im «weiblich» konnotierten, dem (Haushalts-)Konsum verbundenen Sektor der Grossverteiler tätig. Allein dem Verwaltungsrat der Migros gehörten fünf Frauen an. Die
Migros war damit das einzige Unternehmen, dessen
Strategieorgan mehr als ein weibliches Mitglied hatte. Die übrigen Frauen verteilten sich auf die Verwaltungsräte von Coop, Grand Passage, Innovation, Jel-
moli und andere im Detailhandel tätige Unternehmen.
Gänzlich fehlten in den berücksichtigten Stichjahren
Frauen übrigens in den Branchen Versicherungen, Le-
bensmittel, Bau, Energie, Uhren und Transport.

Eine Kombination von Faktoren führte dazu, dass
Frauen bis in die 1980er-Jahre von Machtpositionen
in Schweizer Grossunternehmen ausgegrenzt wurden:
die geschlechtsspezifische Arbeitsteilung, das Kooptationssystem und die Bedeutung der Militärkarriere. In
eigentümlicher Weise begünstigte der Familienkapitalismus – in dieser Ära die vorherrschende Logik der
Corporate Governance – in den Grossfirmen zugleich
den Aus- und den Einschluss der Frauen. Einerseits
bevorteilte ein patriarchalisches System die männlichen Familienmitglieder in den Familienbetrieben.
Umgekehrt stammten die wenigen Verwaltungsrätinnen vor 1970 ausschliesslich aus den Besitzerfamilien.
Das Frauenstimm- und Wahlrecht war ein wichtiger
Wendepunkt. Seine Einführung 1971 brach das Mo-

nopol der Männer auf Führungspositionen in der
Wirtschaft und ermöglichte es einer Handvoll Pio-
nierinnen, die gläserne Decke zu durchbrechen. Trotzdem blieb in der Wirtschaft der Widerstand gegen eine
Feminisierung der Machtpositionen stärker und hart-
näckiger als in der Politik. Tatsächlich verlief das Vor-
rücken von Frauen in Führungspositionen der Gross-
betriebe ab den 1970er-Jahren deutlich langsamer als
im Parlament (Kapitel 9).

Pionierinnen in Machtpositionen

Annie Dutoit (1909–1999)

Weil ihre Eltern dagegen waren, musste Annie
Dutoit sich ihr Jurastudium selbst finanzieren.
Als Rechtsanwältin und *Selfmadewoman* trat
sie 1972 in den Verwaltungsrat des Warenhau-
ses Innovation ein und übernahm 1979 dessen
Präsidium. Sie war damit die zweite der in Ta-
belle 2 (S. 35) aufgeführten Frauen, der es ge-
lang, die gläserne Decke zu durchbrechen und
ins Präsidium einer Grossfirma vorzustossen.
Im Übrigen war Annie Dutoit Mitglied der
Liberalen Partei und präsidierte 1968 als erste
Frau den Gemeinderat von Lausanne.

Rosmarie Michel (*1931)

Rosmarie Michel übernahm 1956 die Leitung
der 1869 in Zürich gegründeten Confiserie
Schurter, ein Familienunternehmen, das bis

anhin ihrer Mutter gehört hatte. Sie hatte also bereits ein Standbein in der Geschäftswelt, als sie in der Frauenbewegung aktiv wurde. Dort setzte sie sich für eine bessere Vertretung der Frauen in der Wirtschaft ein und gehörte von 1977 bis 1989 dem Vorstand der International Federation of Business and Professional Women an, die sie von 1983 bis 1985 präsidierte. Anfang der 1980er-Jahre war sie Mitglied des Verwaltungsrats der Merkur AG, einem Detailhändler, der über ein schweizweites Filialnetz Kaffee und Schokolade verkaufte.

Mary Paravicini-Vogel (1912–2002)

Mary Paravicini-Vogel besuchte als Tochter eines Kaufmanns eine Handelsschule und heiratete 1937 einen Rechtsanwalt. 1942 trat sie dem Landesring der Unabhängigen (LdU) bei und gründete 1957 den Schweizerischen Bund der Migros-Genossenschafterinnen. Auch sie war eine politisch engagierte Persönlichkeit, von 1946 bis 1956 Vorstandsmitglied der Vereinigung für Frauenstimmrecht Basel und Umgebung, sowie von 1947 bis 1957 Vorstandsmitglied des Schweizerischen Verbands für Frauenstimmrecht. Zudem leitete sie 1955 die eidgenössische Delegation am Weltkongress der Frauen in Ceylon (heute Sri Lanka). Zusätzlich zur Frauenbewegung war sie auch im Konsumentenschutz stark engagiert.

Kapitel 3

Die familiäre Herkunft als Schlüsselfaktor

«Die Fälle werden immer seltener, da man von einem alten, erfolgreichen Unternehmen sagen kann, dass die Nachkommen der Gründer nach weit über einem Jahrhundert noch immer an der Führung der Geschäfte beteiligt sind. Bei Gebrüder Sulzer ist dies das stabile Moment durch volle 125 Jahre hindurch geblieben; die Gesellschaftsformen im rechtlichen Sinne haben sich verändert, die Grundsätze der Führung jedoch blieben durch Generationen hindurch die gleichen.»[18]

Dieser Ausschnitt aus der 1959 erschienenen Festschrift zum 125. Jahrestag der Gründung der Firma Sulzer hebt die Bedeutung und Langlebigkeit von Familiendynastien an der Spitze von Schweizer Grossunternehmen hervor. Um die soziale Herkunft von Wirtschaftsführern zu verstehen, ist es notwendig, die Kontrollstrukturen der Unternehmen zu analysieren. Denn ob sich die Aktien eines Unternehmens im Besitz einer Familie befinden oder im Gegenteil breit gestreut sind, hat offensichtlich Auswirkungen auf das Profil des Führungspersonals.

In den 1930er-Jahren entwickelten Adolf Berle und Gardiner Means am Beispiel der USA die These, dass der «Managerkapitalismus» den «Familienkapitalismus» – die seit der ersten industriellen Revolution dominante Form der *Corporate Governance* – abgelöst habe.[19] Die zunehmende Grösse und der Moderni-

sierungsdruck zwingen Unternehmen, so Berle und
Means, ihr Aktienkapital externen Investoren zu öff-
nen, was zu einer breiteren Streuung der Aktien und
damit zum Ende der Familienherrschaft führt. Einge-
läutet wurde der Niedergang des Familienkapitalismus nach der These von Berle und Means dadurch,
dass «professionelle Manager» in den Unternehmen
die Macht übernahmen. Mit dieser Interpretation des
Wandels vom Familien- zum Managerkapitalismus
geht implizit die Hypothese einher, der Zugang zu
Machtpositionen in der Wirtschaft sei demokratisiert
worden: An die Stelle der Familienzugehörigkeit als
entscheidendes Aufstiegskriterium sei das individuelle
Leistungsvermögen getreten. Seit den 1970er-Jahren
wird die Hypothese einer solchen «Managerrevolution»
allerdings von vielen Forschenden zunehmend infrage
gestellt, auch in der Schweiz. Mehrere Studien zeigen
die Hartnäckigkeit, mit der sich die besitzenden Familien im 20. Jahrhundert in den wichtigsten Schweizer
Unternehmen hielten, oft über mehrere Generationen.

Übervertretung des Grossbürgertums und der bürgerlichen Mittelklassen

Um die soziale Herkunft der Wirtschaftsführer zu
«messen», stützen wir uns auf den Beruf des Vaters als
wichtigsten Indikator. Auf dieser Grundlage ordnen
wir die soziale Herkunft der Wirtschaftsführer vier Kategorien zu. Das Grossbürgertum umfasst die Eigentümer und Chefs der Grosskonzerne, die mächtigste
Gruppe der Politiker – wie etwa Bundesräte – sowie
einige Berufe in Spitzenpositionen der öffentlichen

Hand (Bundesrichter und hochrangige Chefbeamte).
Die bürgerlichen Mittelklassen umfassen Eigentümer
und Leiter mittlerer Unternehmen, mittlere Kader
und die unterschiedlichen freien Berufe wie Arzt, Anwalt, Pfarrer, Architekt, Ingenieur oder Lehrer. Zum
Kleinbürgertum gehören die kleinen Selbstständi-
gen, Handwerker und Bauern. Schliesslich fasst die
Kategorie der Arbeiter und Angestellten Facharbei-
ter, unqualifizierte Arbeiter sowie Angestellte in sub-
alternen Funktionen in der Privatwirtschaft oder im
öffentlichen Dienst zusammen. Diese Kategorien sind
natürlich nur Annäherungen an die soziale Realität,
und ihre Anwendung unterliegt immer auch dem Er-
messen der Forscherinnen und Forscher. Wann immer
möglich wurden deshalb ergänzend dazu qualitative
Informationen zur Familie berücksichtigt. Daten über
die soziale Herkunft sind schwierig zu beschaffen,
weil die Bestimmungen des Persönlichkeits- und Pri-
vatsphärenschutzes in der Schweiz ausserordentlich
streng sind. Unsere Datenbasis ist deshalb nicht immer vollständig. Trotzdem bietet Tabelle 3 einen über-
schlagsmässigen Überblick zur sozialen Herkunft von
Schweizer Konzernchefs. Wenig überraschend zeigt
sich dabei ein starkes Übergewicht der höheren sozialen Kategorien, sprich des Grossbürgertums und
der oberen Mittelklasse. Der Anteil der Unternehmensführer, die aus dem Grossbürgertum stammen,
verharrt zwar auf einem hohen Niveau, nimmt aber
gegen Ende des untersuchten Zeitraums deutlich ab,
sodass 1980 die bürgerliche Mittelklasse das stärkste
Kontingent stellt. Der Anteil von Wirtschaftsführern
aus dem Kleinbürgertum oder dem Arbeiter- und
Angestelltenmilieu bleibt über die ganze Periode sehr
tief.

Tabelle 3

Soziale Herkunft der Spitzenmanager der 110 grössten Schweizer
Unternehmen, 1910–1980 (in Prozenten)

	1910 (N= 211)	1937 (N= 218)	1957 (N= 215)	1980 (N= 186)
Grossbürgertum	41,0	37,6	34,4	20,4
Bürgerliche Mittelklasse	27,1	36,7	29,8	31,7
Kleinbürgertum	5,2	7,3	7,0	6,5
Arbeiter und Angestellte	2,9	2,3	2,8	5,4
Keine Angabe	23,8	16,1	26,0	36,0
Total	100,0	100,0	100,0	100,0

Stichprobe: Generaldirektoren, Verwaltungsratspräsidenten und -delegierte.

Selbst wenn die Zugehörigkeit der Wirtschaftseliten
zu den sozial gehobenen Schichten ins Auge fällt, gilt
es, zwei Kategorien zu unterscheiden: «Familienun-
ternehmer», die selbst Erben und Nachkommen von
Gründerfamilien sind, und «professionelle Manager», die keine direkte Verbindung zu diesen Familien
haben.

Der Einfluss der Familiendynastien

Bis in die 1980er-Jahre blieben die grossen Schweizer
Konzerne vom starken Einfluss einiger weniger Familien geprägt. Carl Holliger und François Höpflinger

versuchten in den 1970er-Jahren, ein Porträt dieser
mächtigen Familien in der Schweiz zu zeichnen.[20] Dabei lassen sich zuerst die «alten Geschlechter» unterscheiden, deren materieller Wohlstand auf vorindust-
rielle Zeiten zurückgeht. Sie unterteilen sich in eine
Gruppe von Familien, die an der Industrialisierung im
19. Jahrhundert kaum beteiligt war, deren Nachkommen aber dennoch wichtige Stellen in den grössten
Unternehmen bekleiden. In dieser Kategorie finden
sich klingende Namen aus Basel (Iselin, Burckhardt,
Staehelin und Merian), Genf (Turrettini), Zürich (von
Schulthess, Stockar und Syz), Neuenburg (de Meu-
ron und de Pury) und Bern (von Wattenwyl und Mar-
cuard). Andere dieser «alten Geschlechter» wussten
ihre Geschäfte zu diversifizieren und am Aufschwung
der Wirtschaft im 20. Jahrhundert als Bankiers, Industrielle oder Händler teilzuhaben. In dieser Kategorie
finden sich patrizische Geschlechter aus Basel (Hoffmann, La Roche, Vischer und Sarasin) und Genf (Pictet, Lombard und Naville) genauso wie Familien ähn-
licher Herkunft aus anderen Regionen der Schweiz,
etwa die Pestalozzi, von Muralt und Escher aus Zürich
oder die de Coulon aus Neuenburg. Die Einflusssphä-
re dieser Dynastien blieb keineswegs auf die Wirtschaft
beschränkt, sondern erstreckte sich auch auf politische, kulturelle und philanthropische Aktivitäten. Zudem kam es zu zahlreichen Eheschliessungen zwischen
Mitgliedern dieser Familien (Kapitel 2).

Die zweite Kategorie bilden «Industriepioniere»,
denen es seit dem 19. Jahrhundert gelungen war, eigentliche Dynastien aufzubauen. Von sozial tieferer
Herkunft als die Angehörigen der «alten Geschlechter»
gründet der Reichtum dieser Familien in der ersten
industriellen Revolution (insbesondere im Textil- und

Textilnebengewerbe); dies gilt für die Familien Bühler, Rieter, Abegg, Bodmer, Schwarzenbach, Honegger, Bally, Sulzer, Volkart oder Reinhart. Weitere Familien erwarben ihr Vermögen im Zug der zweiten industriellen Revolution (Chemie, Maschinen- und Elektroindustrie etc.), beispielsweise die Schmidheiny, Huber, von Moos, Geigy, Sandoz, Schindler, Hürlimann und Boveri.

Eine dritte Kategorie formen schliesslich diejenigen Familien, die sich erst nach dem Zweiten Weltkrieg bildeten und denen es ebenfalls gelang, regelrechte Familienimperien aufzubauen. Einige dieser neuen Patrons stammten aus sozial sehr bescheidenen Verhältnissen und können daher als *Selfmademen* betrachtet werden. Karl Schweri (1917–2001) ist hier ein gutes Beispiel. Der Sohn eines Metzgers und Landwirts gründete nach dem Krieg die Firma Plabag, die Kugelschreiber herstellte. Anfangs der 1950er-Jahre erwarb er die Aktien der Import- und Grosshandel AG, die er 1969 in die Denner AG umwandelte, wobei er gleichzeitig das Preiskartell für Markenartikel sprengte. Anfangs der 2000er-Jahre ging die Leitung der Gruppe an seinen Enkel Philippe Gaydoul über.

Der Familienkapitalismus blieb aber nicht auf die Gründerdynastien allein beschränkt. Gelegentlich lösten neue Familien Gründerfamilien ab, die die Kontrolle über ihre Firmen verloren hatten. Solche «Neugründerfamilien» erwarben einen Aktienanteil, der es ihnen ermöglichte, die unternehmerische Kontrolle zu übernehmen und an ihre Nachkommen zu vererben. Zuweilen nisteten sie sich auch in Firmen ein, die ursprünglich keine Familienunternehmen gewesen waren.[21] Ein Bespiel hierfür ist der Eintritt der Familie Dübi in die Firma Von Roll. Deren Gründerfamilie erlosch 1859 mit dem Tod von Franz von Roll, dem letzten männlichen Nachkommen. 1873 trat Johann Dübi (1850–1934) als Buchhalter in den Betrieb ein. In 20 Jahren stieg Dübi, ein Mann von bescheidener Herkunft, auf der Karriereleiter vom Buchhalter zum Generaldirektor auf und wurde später Verwaltungsratsmitglied. 1914 trat sein Sohn Ernst (1884–1947), ein an der ETH ausgebildeter Ingenieur, ebenfalls in das Unternehmen ein. Wie zuvor sein Vater avancierte er 1927 zum Generaldirektor, von 1935 bis 1947 war er Mitglied des Verwaltungsrats. Ernst Dübi war eine zentrale Figur im Schweizer Unternehmertum, der 1937 entscheidend an der Erarbeitung und Unterzeichnung des «Friedensabkommens» in der Maschinenindustrie beteiligt war. Diese Form des Familienkapitalismus ist schwieriger zu erkennen, weil der Name der neuen Familie sich oft vom Namen der übernommenen Firma unterscheidet und so gegen aussen unsichtbar bleibt. Dies ist mit ein Grund, wieso das Gewicht der Familien in den Grossunternehmen oft unterschätzt wird.

Über die Frage der hier identifizierten Kategorien von Familien hinaus ist die Vielfältigkeit der Formen, eine Firma zu kontrollieren, zu betonen: Sie kann auf die Kontrolle des Eigentums, sprich der Aktien, und auf eine Mitgliedschaft im Verwaltungsrat beschränkt bleiben oder sich auch auf die exekutiven Funktionen erstrecken. Am stärksten ist die Kontrolle, wenn Familien im Lauf der Generationen gleichzeitig das Unternehmen als Besitzer halten und die Leitungsfunktionen ausüben. Dies war der Fall bei Konzernen wie Sulzer, BBC, Bobst, Schindler, Holcim-Holderbank, Heberlein, Hero, Von Moos, Bally, Hürlimann, Lindt & Sprüngli sowie Landis & Gyr, aber auch bei mehreren Privatbanken wie Bär, Sarasin, Pictet und

Lombard-Odier. In diesen Fällen stützte sich die Langlebigkeit der familiären Kontrolle auf eine konsequente Nachwuchsförderung. Die Nachkommen erwarben universitäre Bildungstitel und wurden dann schrittweise in die Unternehmensführung einbezogen.

In anderen Fällen beschränkte sich der Einfluss der Familie auf die Mitgliedschaft im Verwaltungsrat, weil die Nachkommen sich aus der operativen Führung zurückgezogen hatten. Dies war bei den Chemieunternehmungen Sandoz (Familie Sandoz und später Landolt) und Geigy (Familien Geigy und Angeheiratete), aber auch bei Firmen wie Saurer oder Escher Wyss der Fall. Seltener kam es vor, dass sich Familien auf eine einfache Beteiligung am Aktienkapital beschränkten und auf einen Verwaltungsratssitz verzichteten. Schliesslich unterschied sich das Ausmass der Familienmacht in den unterschiedlichen Wirtschaftszweigen. Während sie in den industriellen Branchen (namentlich Textil, Maschinen und Chemie) und bei den Privatbanken besonders stark war, spielte sie in den Grossbanken und Versicherungen kaum mehr eine Rolle.

Der späte Niedergang des Familienkapitalismus

Bis ins ausgehende 20. Jahrhundert war es, wegen einer rechtlich tolerierten Undurchsichtigkeit bei der Rechnungslegung und der Eigentümerstruktur, sehr schwierig, die Zusammensetzung des Aktionariats von Schweizer Grossunternehmen genau zu kennen. Den Haupteigentümer einer Firma zu bestimmen, ist deshalb nicht immer einfach; trotzdem gelang es uns in vielen Fällen – über Sekundärliteratur, Archive

und Medienberichte –, Informationen zu den Besitz-
verhältnissen zu beschaffen. Zudem kann die fehlende
Informationsbasis teilweise umgangen werden, indem
die Zusammensetzung des Verwaltungsrats und der
Generaldirektion analysiert wird. Wenn zum Beispiel
die Nachkommen der Gründerfamilien noch in den
Leitungsgremien der Firma sitzen, ist anzunehmen,
dass sie nach wie vor über namhafte Anteile am Aktienkapital verfügen. Ob es sich bei einer Firma um ein Familienunternehmen handelt, bestimmen wir daher am
Anteil, den die Familien am Aktienkapital haben, oder,
wenn diese Information nicht verfügbar ist, über die
Mitgliedschaft von Nachkommen im Verwaltungsrat.

Bis Mitte des 20. Jahrhunderts wurde noch mehr
als die Hälfte der 110 grössten Unternehmen von Familien kontrolliert (Tabelle 4). Jedoch nahm der Anteil
der Familienfirmen in der zweiten Hälfte des Jahrhunderts ständig ab.

Tabelle 4

Anteil der Familienunternehmen an den 110 grössten Schweizer
Unternehmen (in absoluten Zahlen und Prozenten)

	1910	1937	1957	1980
Total Unternehmen	108	109	108	107
Familienunter-
nehmen	62
57,4%	56
51,4%	51
47,2%	40
37,4%

Als Familienunternehmen gelten hier Firmen, bei denen Nachkommen im
Verwaltungsrat sitzen oder Familien sich stark am Aktienkapital beteiligen.

Der Niedergang des Familienkapitalismus schlug sich
auch in der Anzahl Familienmitglieder nieder, die in

«ihrem» Unternehmen eine exekutive Führungsfunktion ausübten. Ihr Anteil ging zurück, vor allem in der zweiten Hälfte des 20. Jahrhunderts. Während der Anteil der «professionellen» Manager ohne Verbindungen zur Eigentümerfamilie stetig zunahm, zogen sich Erben nach und nach aus dem operativen Geschäft zurück (Tabelle 5).

Dieser Rückzug verlief je nach Firma in unterschiedlichem Tempo. Steckte ein Unternehmen in Schwierigkeiten, oder wurde es durch einen neuen Eigentümer übernommen, vollzog sich der Wechsel abrupt. Schrittweise verlief er bei Nachwuchsmangel oder einer Nachkommenschaft, die kein Interesse daran hatte, im Unternehmen operative Verantwortung zu übernehmen.

Tabelle 5

Exekutivfunktionen in Schweizer Familienunternehmen (in absoluten Zahlen und Prozenten)

	1910	1937	1957	1980
Familienangehörige in Exekutivfunktionen	90 69,2 %	80 65,6 %	60 55,0 %	30 39,5 %
Nicht-Familienangehörige in Exekutivfunktionen	40 30,8 %	42 34,4 %	49 45,0 %	46 60,5 %
Total	130 100,0 %	122 100,0 %	109 100,0 %	76 100,0 %

Vgl. Tabelle 4 für die Definition von Familienunternehmen (S. 52).

Da ihre Familie über Firmenbesitz verfügt, lassen sich die Wirtschaftsführer aus Eigentümerfamilien fast ausschliesslich dem Grossbürgertum oder der bürgerlichen Mittelklasse zuordnen. Dies gilt nicht unbedingt für die Gründergeneration eines Unternehmens. So konnte die erste Besitzergeneration an der Spitze eines schnell wachsenden Unternehmens aus sozial bescheideneren Verhältnissen stammen. Der soziale Status der zweiten Generation von Unternehmerfamilien war in der Regel höher. Zu den Wirtschaftsführern aus Besitzerfamilien zählen wir auch Männer, die eine Erbin aus der Familie geheiratet haben. Viele Schwiegersöhne erklommen nach – manchmal aber auch schon *vor* – ihrer Heirat die firmeninterne Karriereleiter und übernahmen früh Direktionsposten.

Die professionellen Manager

Die von Adolf Berle und Gardiner Means für die Vereinigten Staaten aufgestellte These einer «Managerherrschaft» muss im Fall der Schweiz stark nuanciert werden. Dennoch bildete sich auch in der Schweiz seit dem Ende des 19. Jahrhunderts neben den Nachkommen der Eigentümerfamilien eine Kategorie von «professionellen Managern». 1910 stellten diese Manager bereits mehr als die Hälfte des operativen Führungspersonals der Grossunternehmen. Häufig arbeiteten sie mit den Gründerfamilien, die noch eine Aktienmehrheit hielten, im Verwaltungsrat oder in der Direktion zusammen.

In der Basler Chemie gibt es einige berühmte Beispiele einer solchen «Koexistenz»: Als Sohn eines Tex-

tilhändlers und Doktor der Chemie der Universität
Bern absolvierte Emil Christoph Barell (1874–1963)
seine ganze Karriere von 1896 bis 1952 bei Roche, davon mehr als 30 Jahre in Führungspositionen. Arthur
Stoll (1887–1971), Sohn eines Lehrers und Doktor der
Naturwissenschaften der ETH Zürich, blickte, als er
sich 1967 zur Ruhe setzte, auf fast 50 Jahre bei Sandoz
zurück. Nach einer kurzen Phase als Professor an der
Universität Zürich baute er die Forschungs- und Ent-
wicklungsabteilung von Sandoz auf und übernahm
deren Leitung. Darauf wurde er Direktionsmitglied,
Generaldirektor und schliesslich Verwaltungsratspräsident.

In Nicht-Familienunternehmen mit breit gestreu-
ter Besitzstruktur wie den Grossbanken und Versicherungsgesellschaften fanden sich viele professionelle
Manager, die entscheidend zur Expansion der Firmen
beitrugen. Adolf Jöhr (1878–1953), langjähriger Direktor der Schweizerischen Kreditanstalt (SKA, im Folgenden Kreditanstalt), war Sohn eines Tierarzts. Nach
dem Ökonomiestudium, das er mit einem Doktorat
an der Universität Zürich abschloss, begann er seine
Karriere als stellvertretender Generalsekretär der SBB.
Danach setzte er seine Laufbahn zehn Jahre lang bei
der Schweizerischen Nationalbank (SNB) fort, wo er
bis zum Direktor aufstieg, und 1918 ging er schliesslich zur Kreditanstalt. Dort blieb er bis zu seinem Tod,
zunächst 20 Jahre als Generaldirektor, danach als Verwaltungsratspräsident. Alfred Schaefer (1905–1986),
in der Nachkriegszeit der grosse Mann der Schweizerischen Bankgesellschaft (SBG, im Folgenden Bankgesellschaft), war der Sohn eines Architekten und
Bauunternehmers. Er schloss sein Rechtsstudium mit
einem Doktorat an der Universität Zürich ab und trat

danach in die Bankgesellschaft ein. Nach einigen Jahren in niedrigen Chargen stieg er in der internen Hie-
rarchie schnell auf.

Im Unterschied zu den Nachkommen der Eigentümerfamilien konnten sich diese Manager nicht auf
eine mit der Firma verbundene Abstammung berufen.
Ihr Profil und ihre Rekrutierung unterschieden sich
deshalb von denjenigen der Nachkommen. Ersetzten
bei ihnen verdienstbasierte Kriterien ererbte Faktoren? Traten Schultitel an die Stelle von Besitztiteln?
Zu erwarten ist, dass die professionellen Manager aus
sozial bescheideneren Milieus stammten, dafür über
mehr schulisches Kapital, interne Karrieren oder Be-
ziehungsnetze verfügten.

In der Tat unterschieden sich «professionelle»
Manager oft durch eine niedrigere soziale Herkunft
von Wirtschaftsführern, die aus Eigentümerfamilien
stammten. Obschon die bürgerliche Mittelklasse während des ganzen 20. Jahrhunderts dominierte, lässt
sich eine allmähliche soziale Öffnung feststellen. Die
Manager verfügten in der ersten Hälfte des 20. Jahrhunderts im Allgemeinen über eine höhere Bildung
als die Eigentümer. Sie haben zahlreicher eine universitäre Ausbildung durchlaufen, insbesondere in den
Rechts- und Ingenieurwissenschaften. Allerdings glich
sich dies später aus. Zudem waren sie häufig Armeeof-
fiziere (Kapitel 4). In der Regel blieben sie ihren Firmen über lange Jahre treu und erreichten ein hohes
Dienstalter. Ihr Weg an die Führungsspitze entsprach
also einem sozialen Aufstieg, der sich auf die in ihrer
Ausbildung oder während der ersten Jahre ihrer beruflichen Karriere erworbenen Fähigkeiten stützte.

Obschon der Familienkapitalismus in der zweiten
Hälfte des 20. Jahrhunderts an Gewicht verlor, gelang

es wichtigen Familienunternehmern an der Schwelle zum 21. Jahrhundert, sich an die Umwälzungen der Globalisierung und der Finanzialisierung anzupassen: Sie investierten beispielsweise in neue Branchen wie die Medizinaltechnik und die Biotechnologie (siehe dritter Teil).

Kapitel 4

Auswahl der Führungskräfte: Bildung und Armee

Noch Ende der 1980er-Jahre mussten die Kadermit-
arbeiter des Rüstungskonzerns Oerlikon-Bührle in der
Schweizer Armee mindestens den Rang eines Haupt-
manns bekleiden.[22] Auch wenn sie nicht wie in diesem
besonderen Fall eine formelle Bedingung war, galt
eine Armeekarriere lange als Schlüssel für den Aufstieg
in der Schweizer Wirtschaft. Tatsächlich wurde die Mi-
litärerfahrung in allen Wirtschaftssektoren geschätzt,
und nicht selten zog eine militärische auch eine beruf-
liche Beförderung nach sich. Die Armee trug so dazu
bei, eine geschlossene Elite mit einem hohen Offiziers-
anteil zu bilden.

Ähnlich wie die Armee wirkt die Bildung: Gemeinsame Bildungswege legen die Grundlage für Be-
ziehungsnetze. Zugleich ist ein (höherer) Bildungstitel
ein wichtiges Auswahlkriterium für die Wirtschaftsführer. Die Bildung spielt eine entscheidende Rolle für die
Entstehung und Reproduktion der Wirtschaftseliten
und legitimiert deren Machtbefugnisse im Alltag. Allerdings veränderte sich in den führenden Wirtschaftskreisen im Lauf des 20. Jahrhunderts die Bewertung
unterschiedlicher Bildungstypen: Universitäre Studiengänge in Rechts-, Ingenieur- und später auch in
Wirtschaftswissenschaften lösten ab den 1930er-Jah-
ren beruflich orientierte Ausbildungsgänge in Berufs-,
Handels- und Industrieschulen ab.

Vom Lehrling zum Doktor

Anfang des 20. Jahrhunderts verfügte mehr als ein Drittel der Schweizer Wirtschaftsführer über eine Berufslehre (Tabelle 6). Die Unternehmen bildeten also ihre Führungskräfte selbst aus, auch wenn diese dann zuweilen ihre Karrieren ausserhalb des Lehrbetriebs fortsetzten. So machte beispielsweise Christian Buchmann (1858–1935) mit 15 Jahren eine Banklehre in der Handwerkerbank Basel. Danach erklomm er die internen Hierarchiestufen der Bank, bis er schliesslich Generaldirektor wurde. Nicht selten übernahmen intern ausgebildete Personen Spitzenämter, besonders in Familienunternehmen. Willy Russ (1877–1959) zum Beispiel, Enkel des Gründers der Firma Suchard, absolvierte eine Lehre im Familiengeschäft und übernahm dieses schliesslich 1925 als Nachfolger seines Vaters. Fritz Jenny (1856–1923) verfolgte in der von seinem Vater gegründeten Textilfirma Jenny eine ähnliche Laufbahn.

Höhere Berufsschulen spielten in der ersten Hälfte des 20. Jahrhunderts ebenfalls eine wichtige Rolle. So besass ein stabil bleibender Anteil von etwas über 15 Prozent der Wirtschaftsführer ein höheres Fachdiplom, meist erworben als Ergänzung zur Lehre in einem Unternehmen. Insbesondere die Handelsschulen in Lausanne oder Neuenburg, die Industrieschulen in Zürich und Lausanne oder das Technikum in Winterthur waren bei den künftigen Firmenchefs beliebt.

Gewisse Wirtschaftsführer absolvierten auch Berufsausbildungen im Ausland. Vor allem im Bankwesen wurden Berufslehren oft mit Aufenthalten und Praktika im Ausland ergänzt. So sehr der kosmopolitische Charakter zeitgenössischer Eliten heute betont

wird – Erfahrungen im Ausland haben eine lange Tra-
dition und waren schon im frühen 20. Jahrhundert von
nicht zu unterschätzender Bedeutung.

Tabelle 6

Ausbildungsniveau der Spitzenmanager der 110 grössten Schweizer
Unternehmen, 1910–1980 (in Prozenten)

	1910 (N=211)	1937 (N=218)	1957 (N=215)	1980 (N=186)
Berufslehre	30,8	17,9	16,7	12,4
(Höhere) Fachschule	10,4	15,6	12,1	7,5
Universitätsstudium	32,2	60,6	54,9	71,5
Keine Angaben	31,8	11,5	20,9	15,1

Stichprobe: Generaldirektoren, Verwaltungsratspräsidenten und -delegierte. Es
ist möglich, dass der Anteil der Personen mit einem tieferen Ausbildungsniveau
vor allem für 1910 unterschätzt wird, da diese schwieriger zu finden sind. Die
Prozentanteile beziehen sich auf die Anzahl Personen pro Jahr, wobei eine Person
mehrere Ausbildungen kumulieren kann.

Die Berufsausbildungen – Berufslehren und höhere
Fachausbildungen –, die Anfang des 20. Jahrhunderts
noch sehr geschätzt wurden, verloren danach an Bedeutung.[23] So sank der Anteil von Wirtschaftsführern
mit abgeschlossener Berufslehre von 30,8 Prozent im
Jahr 1910 kontinuierlich auf 12,4 Prozent im Jahr 1980.
Danach verringerte er sich bis 2010 noch einmal auf 6
Prozent (Kapitel 9). Ein deutlicher Rückgang ist auch
beim Besuch höherer Fachschulen festzustellen.

Parallel dazu stieg der Anteil von Wirtschaftsführern mit Universitätsabschluss, von 32,2 Prozent im

Jahr 1910 auf 71,5 Prozent im Jahr 1980. Zu diesem Zeitpunkt hielten fast die Hälfte der Wirtschaftsführer einen Doktortitel – dreimal mehr als noch 1910. Zum Vergleich: Der Anteil der universitär Gebildeten an der Schweizer Wohnbevölkerung im Alter von 15 bis 24 Jahren stieg von ungefähr einem Prozent im Jahr 1910 auf 5 Prozent 1980.

Häufig kumulierten die Firmenchefs auch mehrere Ausbildungen. So ergänzten einige von ihnen eine Berufsausbildung mit Hochschulstudien. Hans Sulzer (1876–1959) etwa machte zuerst eine Handels- und Banklehre in Basel, mit Aufenthalten in Rom und Newcastle. Danach absolvierte er ein Rechts- und Wirtschaftsstudium in Genf, Berlin und Leipzig, wo er 1900 einen Doktortitel in Rechtswissenschaften erwarb.

Die Berufsausbildung wurde nach und nach durch höhere Ausbildungen an Universitäten und technischen Hochschulen ersetzt. In den letzten Jahrzehnten des 20. Jahrhunderts ergänzten Wirtschaftsführer ihre Ausbildung immer häufiger mit Nachdiplomstudien, vor allem in Betriebswirtschaft (Kapitel 9).

Die Disziplinen der Macht

Die künftigen Wirtschaftsführer konzentrierten sich an der Universität hauptsächlich in zwei Studienrichtungen: den Rechts- und den Ingenieurwissenschaften. In diesen Fächern ausgebildete Fachkräfte entsprachen einerseits den Bedürfnissen der Wirtschaft, andererseits waren sie in ihrem Machtanspruch besonders legitimiert.

Zwischen 1910 und 1980 absolvierten 15 bis 30 Prozent der Wirtschaftsführer eine juristische Ausbildung (Tabelle 7). Diese bei politischen Eliten und Chefbeamten seit Langem beliebte Studienrichtung setzte sich auch in der Wirtschaft durch. Als generalistische Disziplin, die auch in anderen Machtsphären gefragt war, trug eine rechtswissenschaftliche Ausbildung dem Bedürfnis nach juristischem Fachwissen in den Betrieben Rechnung. Das ursprünglich den oberen sozialen Klassen vorbehaltene Rechtsstudium verlieh den Wirtschaftsführern zudem eine mit dem Prestige dieses Fachs verbundene Legitimität. 1935 betonte Alfred Schwarzenbach, Verwaltungsratsmitglied der Kreditanstalt, der Elektrobank und der BBC, die Bedeutung juristischer Kenntnisse in einem Brief an seinen Sohn Hans Robert. Er riet ihm dringend, sein Studium mit dem Staatsexamen abzuschliessen, «um als Rechtsanwalt praktizieren zu können. Je schlechter es der Welt geht, umso mehr haben die Advokaten zu tun. Das ist wenigstens ein kleiner Trost!»[24] Alfred Schwarzenbach wusste, wovon er sprach: Er hatte selbst Recht studiert und 1904 von seinem Vater die Leitung des nach dem Ersten Weltkrieg grössten Konzerns der Seidenindustrie übernommen. Als er diesen Brief schrieb, steckte seine Firma in grossen Schwierigkeiten. Erst im Jahr darauf konnte sie dank umfangreichen Sanierungsmassnahmen gerettet werden.

Tabelle 7

Universitäre Studienfächer der Spitzenmanager der 110 grössten
Schweizer Unternehmen, 1910–1980 (in Prozenten)

	1910 (N=211)	1937 (N=218)	1957 (N=215)	1980 (N=186)
Recht	14,2	29,8	21,9	30,6
Ingenieur/Technik	16,1	25,7	23,7	26,3
Wirtschaft	2,4	6,0	10,2	21,0
Andere	1,4	1,4	2,8	1,6
Keine Angaben	31,8	11,5	20,9	15,1

Stichprobe: Generaldirektoren, Verwaltungsratspräsidenten und -delegierte. Die
Wirtschaftswissenschaften umfassen Volks- und Betriebswirtschaftslehre, die Ingenieurwissenschaften technische Ausbildungen an Universitäten und Eidgenössischen
Technischen Hochschulen; die restlichen Fächer, insbesondere Geistes- und Sozial-
wissenschaften, sind in der Kategorie «Andere» zusammengefasst.

Die technischen Wissenschaften (Ingenieurwissenschaften) bilden die zweite Machtdisziplin: Zwischen 1910 und 1980 verfügte etwa ein Viertel der
Wirtschaftsführer über ein höheres Diplom in diesen
Fächern. Sie standen hauptsächlich Unternehmen
des Industriesektors vor, zum Beispiel in der Bau-,
Uhren-, Metall- und Maschinenindustrie. In diesen
Branchen spielte die 1854 gegründete Eidgenössische
Technische Hochschule (ETH) Zürich eine besonders
wichtige Rolle für die Ausbildung der Wirtschaftseliten. Die Industrie pflegte mit der einzigen Hochschu-
le, die vom Bund getragen wird, seit ihrer Gründung
enge Beziehungen: Diese Hochschule entsprach – im
Unterschied zu universitären Ausbildungen – einer
Nachfrage der Wirtschaft nach praktischem Wissen

und einer Anpassung der Lehre an die Bedürfnisse der
Industrie.

Die Wirtschaftswissenschaften gewannen erst später an Bedeutung. Ab 1957 nahm die Zahl der Konzernchefs mit Abschluss in Ökonomie aber deutlich
zu. Dieses starke Wachstum ging mit disziplininter-
nen Differenzierungen, aber auch mit einer Autonomisierung der wirtschaftswissenschaftlichen Ausbildung einher. Bis Ende der 1970er-Jahre waren die
Wirtschaftswissenschaften nämlich häufig an den
Rechtsfakultäten angesiedelt. Die für zukünftige Wirtschaftsführer besonders relevante Betriebswirtschaftslehre entstand als eigenständige Disziplin in der Zeit
um den Ersten Weltkrieg und konnte sich erst ab den
1950er-Jahren durchsetzen. Obschon sich die Betriebswirtschaftslehre vor allem an den bestehenden
Universitäten institutionalisierte, begünstigten während des 20. Jahrhunderts auch spezialisierte Schulen
die Verbreitung der jungen Disziplin. In der Schweiz
war in dieser Hinsicht die (Handels-)Hochschule
St. Gallen besonders wichtig. 1898 als Handelsakade-
mie und Verkehrsschule St. Gallen gegründet, wurde
sie 1911 eine Handels-Hochschule; 1939 erhielt sie das
Promotionsrecht. Im Lauf der Zeit wuchs ihr Prestige,
und Ende des 20. Jahrhunderts genoss sie eine europa-
weite Reputation (Kapitel 9).

Ein Offiziersgrad in der Schweizer Armee – Vorteil oder Notwendigkeit?

Die Armee war in den verschiedenen Machtsphären
der Schweiz traditionell von grosser Bedeutung. So

bekleidete ein Grossteil der Politiker, Chefbeamten und Wirtschaftsführer einen Offiziersrang. Dies war eine Auswirkung des Milizsystems: Alle männlichen Bürger sind ab dem Alter von 18 Jahren militärdienstpflichtig, und eine Auswahl der Dienstpflichtigen wird zu – mehr oder weniger hochrangigen – Offizieren befördert, ohne dass die Beförderten deswegen ihre zivile Haupttätigkeit aufgeben müssten. So hatte 1910 rund ein Drittel der Wirtschaftsführer einen Offiziersgrad inne; ab 1937 lag dieser Anteil bei über 50 Prozent (Tabelle 8).*

Der Anteil Offiziere in den Wirtschaftseliten war also deutlich höher als ihr Anteil gemessen an der männlichen Geamtbevölkerung, der lediglich 1 bis 2 Prozent betrug. Die militärische Karriere war für die Wirtschaftsführer förderlich, weil sie in Wirtschaftskreisen als eine auf die Betriebsführung übertragbare Befehls- und Verwaltungserfahrung wahrgenommen wurde. Zusätzlich funktionierte die Armee mit ihren Ausbildungs- und Wiederholungskursen als Treffpunkt und Ort der Geselligkeit der Eliten.

Die Armee verstärkte auch den Zusammenhalt der Eliten, indem sie verschiedene Gruppen ausschloss. Zum einen handelte es sich um einen ausschliesslich männlichen Raum, da Frauen nicht zur Armee zugelassen waren (Kapitel 2). Zum anderen hatten auch Ausländer keinen Zugang zur Armee, da sie exklusiv Schweizer Staatsangehörigen vorbehalten war. Über diesen doppelten Ausschluss wirkte die Armee für ihre

---

* Bis Anfang des 20. Jahrhunderts bekleideten nur Honoratioren und Angehörige vornehmer Geschlechter höhere militärische Ränge, denn eine Militärkarriere setzte damals grosse zeitliche und finanzielle Ressourcen voraus. So hatten die Offiziere die Unterhaltskosten ihrer Dienstpferde zu übernehmen. Die nach dem Ersten Weltkrieg verbreitete Rekrutierungsbasis der Offiziere erklärt die in Tabelle 8 dokumentierte Zunahme zwischen 1910 und 1937.

Kader als ideologisches Bindemittel, das durch gemeinsame Werte und Diskurse den nationalen Zusammenhalt beförderte.

Genau wie die Geschäftsleitungen der Grossunternehmen funktionierte das Militär nach dem Kooptationsprinzip: Personen, die ins Offizierskorps oder in einen Verwaltungsrat eintraten, wurden von bereits bestehenden Mitgliedern rekrutiert. Dieser Auswahlprozess schaffte und verstärkte die «Club-Logik», die der Elitekoordination zugrunde liegt.

Tabelle 8

Anteil der Offiziere unter Spitzenmanagern der 110 grössten
Schweizer Unternehmen, 1910–1980 (in Prozenten)

1910 (N=186)	1937 (N=205)	1957 (N=198)	1980 (N=183)
34,9	53,2	52,0	55,7

Stichprobe: Generaldirektoren, Verwaltungsratspräsidenten und -delegierte. Diese
Zahlen beziehen sich auf männliche Schweizer Staatsangehörige.

Bis spät ins 20. Jahrhundert hinein war eine Militärkarriere zweifellos von Vorteil, um an die Spitze eines Grossunternehmens zu gelangen. Unzählige Beobachter – und auch die Wirtschaftsführer selbst – beschworen die Synergien zwischen militärischen und zivilen Führungsfunktionen und erachteten die Kompetenzen, die in der Armee erworben wurden, als direkt auf die Wirtschaft übertragbar. So schwärmte etwa der aus einer alten Freiburger Patrizierfamilie stammende Philippe de Weck (1919–2009), in der Nachkriegszeit eine prägende Figur der Bankgesellschaft: «Meine Militärlaufbahn setzte sich nach dem Krieg fort. Zuerst war ich Batterie-, dann Truppenkommandant der Artillerie. Darauf wechselte ich in den Generalstab, und bin heute noch froh darüber. Es war eine ausgezeichnete Schule. Damals gab es noch kaum ‹Business Schools›, auch keine Kader- oder Managerschulen. [...] Die Männer meiner Generation lernten Betriebsführung tatsächlich im Generalstab.»[25]

Die Vorteile, die Wirtschaftsführern durch eine militärische Karriere erwuchsen, verstärken schon vorhandene Ungleichheiten: Wirtschaftsführer mit einem Offiziersgrad hatten im Schnitt ein höheres Bildungsniveau als diejenigen ohne. Dieser Unterschied zeigt sich beim Doktorat besonders deutlich: Ungefähr ein Viertel der Wirtschaftsführer mit Offiziersrang hatte einen – meist juristischen – Doktortitel. Bei Wirtschaftsführern ohne Offiziersgrad waren es nur halb so viele.

Für die Wirtschaftseliten war die Armee während des ganzen 20. Jahrhunderts ein wichtiges Karrieresprungbrett. Dennoch gilt es die Vorstellung zu nuancieren, nur mit einem Balken am Revers sei es möglich gewesen, Teil der Wirtschaftselite zu werden. Nur rund die Hälfte der Wirtschaftsführer hatte den Offiziersrang – die andere Hälfte schaffte es ohne militärische Ehren in dieselben Positionen. Der Weg über die Armee und eine Offiziersausbildung war zwar von Vorteil, aber nicht zwingend notwendig. Dies veranschaulichen die Militärkarrieren der beiden Söhne von Alfred Schwarzenbach und Renée Wille, der Tochter von General Ulrich Wille: Während der eine, Hans Robert, zum Entzücken seiner Mutter Kavallerieoffizier wurde, ging seinem Bruder Alfred die Vorliebe für Uniformen ab. Er liess sich 1932 wegen eines Herzleidens ausmustern.[26]

Schon in den 1950er-Jahren wurde der Sinn der militärisch-zivilen Doppelkarriere bisweilen infrage gestellt. Manche Manager kritisierten die militärbedingten Absenzen und die verringerte Verfügbarkeit von Kadermitarbeitern. Als in den 1980er- und 1990er-Jahren andere Ausbildungsformen und Orte der Geselligkeit entstanden, welche die Bedeutung der Armee für die Wirtschaftseliten abschwächten, stellte sich die Frage erneut und in schärferer Form. Es war nicht zuletzt die Internationalisierung der Karrieren und Netzwerke, welche die Armee als Ort des Austauschs für Eliten obsolet machen sollte (Kapitel 9).

Zweiter Teil

Organisierte Interessen und politisches Engagement der Schweizer Wirtschaftseliten

Die Schweizer Wirtschaftseliten sind kollektiv gut organisiert und verfügen über eine starke politische Mobilisierungskraft. Fern vom verbreiteten und in liberalen Sonntagsreden gerne beschworenen Bild des individualistischen Unternehmers zeichnen sich die Topmanager und Grossunternehmer durch ihre hohe Einbindung in vielfältigen Organisationen aus, seien dies nun Branchen-, Regional- oder Spitzenverbände. Die kollektive Organisation beruht nicht nur auf Verbänden, sondern auch auf Praktiken, die weniger formalisiert und deshalb schwieriger zu dokumentieren sind. Dazu gehören etwa Kartellvereinbarungen und firmenübergreifende Personal- und Kapitalverflechtungen. Diese unterschiedlichen Formen kollektiven Handelns können rein wirtschaftliche Zwecke verfolgen, so etwa bei Preisabsprachen, bei der geografischen Aufteilung von Märkten, beim Aufbau eines effizienten Lehrlings- und Berufsbildungswesens, bei der Versorgung mit Krediten oder der Sicherung der Kontrolle über andere Unternehmen. Andere dienen stärker politischen Zielen, beispielsweise der Bildung einer geschlossenen Koalition in der politischen Arena.

Das politische Engagement der Unternehmerkreise hat verschiedene Facetten. Um Staatsinterventionen zu vermeiden, zogen die Wirtschaftseliten auf Selbstregulierung basierte Lösungen vor. Dennoch mussten sie ihre Positionen in ständiger Auseinandersetzung mit den politischen Behörden und der Verwaltung verfechten. Die spezifische Form dieses politischen Engagements kann weitestgehend durch den institutionellen Kontext der Schweiz erklärt werden – schwacher Bundesstaat, Milizsystem und direkte Demokratie. Ihr Mobilisierungsvermögen machte die

Unternehmerkreise im 20. Jahrhundert zur vorherrschenden Kraft in der Schweizer Politik.

Alle diese Koordinationsformen verstärkten den Zusammenhalt und das Machtbewusstsein der Unternehmerverbände und ihrer Mitglieder. Trotz eines zersplitterten und vielfältigen Wirtschaftsgefüges gelang es den Spitzenmanagern, eine gesellschaftlich homogene und politisch geschlossen auftretende Koalition zu bilden. Dies hat mindestens zwei Gründe: Zum einen fühlten sich die Wirtschaftseliten im internationalen Umfeld verletzlich und versuchten deshalb im Inland die Reihen zu schliessen. Andererseits standen sie zusammen, um auf die seit dem Ende des 19. Jahrhunderts erstarkende Arbeiterbewegung zu reagieren und so ihre politische Vorherrschaft zu verteidigen.

In den folgenden Kapiteln behandeln wir die unterschiedlichen Formen kollektiver Organisation der Unternehmer. Zunächst richten wir unseren Fokus auf Firmennetzwerke. Dazu zählen wir Verflechtungen zwischen den Verwaltungsräten (Kapitel 5) und formelle Unternehmerorganisationen (Kapitel 6). Danach untersuchen wir das politische Engagement der Wirtschaftseliten: zuerst dessen sichtbarste Seiten – die politischen Karrieren von Wirtschaftsführern auf kantonaler und eidgenössischer Ebene (Kapitel 7); danach diskreter angelegte Strategien zur Einflussnahme auf die Verwaltung (Kapitel 8).

Kapitel 5

Das Unternehmensnetzwerk

Als Schlüsselperson des Schweizer Unternehmertums besetzte Hans Sulzer (1876–1959) Ende der 1930er-Jahre zahlreiche Machtpositionen in den grössten Schweizer Unternehmen. Er präsidierte neben dem Verwaltungsrat der von seinem Urgrossvater gegründeten Firma Sulzer auch die Aufsichtsgremien der Winterthur Versicherungen und der Saurer AG. In einer weiteren Firma der Metall- und Maschinenindustrie, der Maag AG, war er Vizepräsident, in den Verwaltungsräten der Bankgesellschaft, der Schweizerischen Rückversicherungs-Gesellschaft (der heutigen Swiss Re), von Dubied und Alimentana war er einfaches Mitglied. Zudem präsidierte er den Vorort und sass im Bankrat der Nationalbank. Dieses Beispiel veranschaulicht mehrere Merkmale der Schweizer Wirtschaftseliten: das feinmaschige Netz zwischen den Verwaltungsräten der grössten Firmen, die enge Verbindung zwischen Finanz- und Industriesektor, die Schlüsselstellung von Familienunternehmen und die Konzentration der Macht bei einer Handvoll Individuen, die mehrere unternehmerische Führungsfunktionen kumulieren.

Unternehmensnetzwerke und die Koordination der Unternehmerinteressen

Mit der zweiten industriellen Revolution entstanden Ende des 19. Jahrhunderts neue Unternehmensformen. Immer mehr Unternehmen wurden als Aktiengesellschaften gegründet, deren wichtigste Anteilseigner den Verwaltungsrat bildeten. Sitzt ein Verwaltungsrat in mehreren Aufsichtsgremien, schafft er eine Verbindung zwischen den betreffenden Unternehmen. Durch ihre Mitarbeit in verschiedenen Verwaltungsräten können Mehrfachverwaltungsräte Informationen und Meinungen austauschen und diese zwischen den Firmen zirkulieren lassen. Im Konfliktfall dienen Verwaltungsräte als Plattformen für die Diskussion und Lösungssuche innerhalb der Elite, die von äusserer Einmischung – insbesondere seitens des Staats und der Arbeiterschaft – abgeschirmt ist. Netzwerke von Firmen mit einem oder mehreren identischen Verwaltungsräten dienen den Wirtschaftseliten als Organisations- und Koordinationsinstrumente: Enge Verbindungen weisen dabei in der Regel auf eine Zusammenarbeit zwischen den Firmen hin, schwache Verbindungen eher auf eine Konkurrenzsituation.[27]

Ein Blick auf die langfristige Entwicklung des firmenübergreifenden Netzwerks ermöglicht Rückschlüsse auf Stabilität und Wandel der Formen, in denen sich die Wirtschaftseliten organisierten. So wurden etwa in den USA Verbindungen zwischen Firmen aus derselben Branche seit dem frühen 20. Jahrhundert als Wettbewerbsverfälschung betrachtet und deshalb 1914 mit dem *Clayton Act* verboten. Durch diese Verschärfung der Antitrust-Gesetze verringerte sich nach und nach die Dichte der firmenübergreifenden Verbindungen. Für die Schweiz lässt sich eine gegensätzliche Entwicklung feststellen. Wie Tabelle 9 zeigt, verdichtete sich das firmenübergreifende Netzwerk in der ersten Hälfte des 20. Jahrhunderts immer mehr. Seit der Zwischenkriegszeit teilten Schweizer Grossunternehmen im Durchschnitt mit sieben bis acht anderen Grossfirmen mindestens einen Verwaltungsrat (und manchmal mehrere). Dieser enge Zusammenhalt des Netzwerks bestand bis Anfang der 1990er-Jahre.

Tabelle 9

Der Zusammenhalt des Netzwerks der 110 grössten Schweizer Unternehmen, 1910–1980

	1910	1937	1957	1980
Dichte (in %)	5,1	7,3	7,9	8,1
Durchschnittliche Anzahl Verbindungen pro Unternehmen	5,6	8,0	8,5	8,6

Dichte: Anzahl der bestehenden Verbindungen im Verhältnis zur maximal möglichen Anzahl von Verbindungen.
Durchschnittszahl der Verbindungen pro Unternehmen: Mehrfache Verbindungen (d.h., wenn zwei Unternehmen über mehr als einen gemeinsamen Verwaltungsrat verbunden sind) werden nicht berücksichtigt.

Zunehmende Nationalisierung

Anfang des 20. Jahrhunderts entstanden Verbindungen zwischen Schweizer Grossunternehmen in erster Linie auf regionaler Ebene. So fanden sich enge Verflechtungen um das Finanz- und Industriezentrum Zürich, die Chemiemetropole Basel oder auch in Schaffhausen und Winterthur, den Wiegen der Maschinenindustrie. Insbesondere der Finanzsektor spielte für die Konstruktion des Netzwerks eine wichtige Rolle. Weil der Schweizer Bankensektor im Vergleich zu anderen Industrieländern noch nicht stark entwickelt war, bildeten sich Verbindungen vor dem Ersten Weltkrieg vor allem um spezialisierte Finanzgesellschaften. Diese Gesellschaften waren im späten 19. Jahrhundert gegründet worden, um die Unternehmen der zweiten industriellen Revolution zu finanzieren, insbesondere die Firmen der Elektrizitätsbranche mit ihrem enormen Kapitalbedarf. Trotz ihres rechtlichen Status als Schweizer Unternehmen stammten ihre Finanzmittel häufig aus dem Ausland, vor allem aus Deutschland. So gründeten die Leiter der BBC 1895 mithilfe von deutschen Partnern die Finanzgesellschaft Motor AG, um ihre elektrischen Anlagen zu finanzieren (Kapitel 1). Die BBC und die Motor AG teilten sich darauf mehrere Verwaltungsräte.

Die zwischen dem Industrie- und dem Finanzsektor bestehenden Verbindungen kommen in der Grafik 1 klar zum Vorschein. Es fällt auf, wie zentral die Finanzgesellschaften der Elektrizitätswirtschaft wie die Elektrobank, die Motor AG oder die Indelec, für das Netzwerk sind. Dasselbe gilt für die drei grössten Schweizer Banken, die Bank in Winterthur (ab 1912 Bankgesellschaft), die Kreditanstalt und den Schweizerischen Bankverein (SBV, im Folgenden Bankverein), deren Position sich nach dem Ersten Weltkrieg noch stärken sollte. Im Vergleich zu den folgenden Jahrzehnten sind Dichte und Kohärenz des Geflechts allerdings noch wenig entwickelt. Mehrere Firmen sind isoliert, das heisst mit keinem anderen Unternehmen des Netzwerks verbunden.

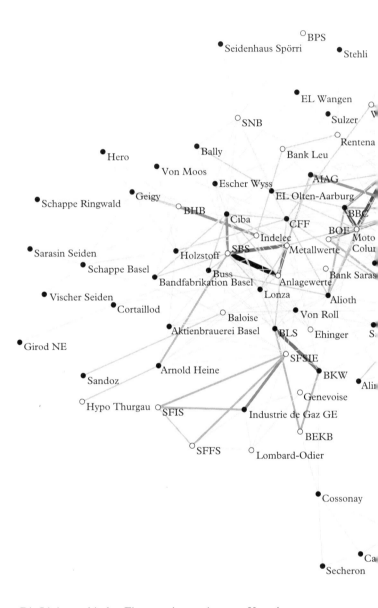

Die Linien verbinden Firmen mit gemeinsamen Verwaltungsratsmitgliedern, die Dicke der Verbindungslinie variiert proportional
zur Anzahl der gemeinsamen Verwaltungsräte.

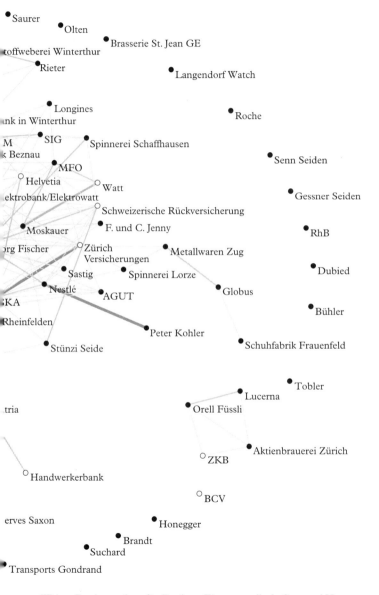

Weisse Punkte stehen für Banken, Finanzgesellschaften und Versicherungen, schwarze Punkte für Unternehmungen aus anderen Wirtschaftssektoren.

Der Erste Weltkrieg spielte für die zunehmende Verflechtung der Firmen eine entscheidende Rolle. Denn
die Schweizer Eliten wurden durch den Krieg in ihrem
Bestreben bekräftigt, die Kontrolle über ihr Unternehmen zu behalten. Davon zeugt der Beschluss des Bundesrats, die Anzahl ausländischer Verwaltungsräte in
Schweizer Firmen zu beschränken (Kapitel 1). Diese
Abwehrhaltung gegen aussen trug dazu bei, dass sich
im Inneren weitere Verbindungen zwischen den Unternehmen entwickelten. Ausländische Verwaltungsräte wurden durch Schweizer Staatsangehörige ersetzt.
Weitere Gründe für die Verdichtung des Netzwerks
waren der Aufstieg des Finanzplatzes und die Ausdehnung des nationalen Netzwerks der Schweizer Grossbanken in den Nachkriegsjahren.[28] In der Elektrizi-
tätsbranche führte der Krieg zu einer Lockerung der
Finanzbeziehungen mit Deutschland. Die Schweizer
Banken übernahmen die Reorganisation der Finanzgesellschaften im Elektrosektor und wurden zu ihren
Hauptaktionären. Als Folge der «Nationalisierung» der
Kontrolle über die Firmen und der wachsenden Betei-
ligungen der Banken am Industriesektor entstand ein
Netzwerk, dessen Verbindungen allmählich das ganze
Land überzogen. Der Zweite Weltkrieg sollte diesen
Prozess noch verstärken.

Verbindungen zwischen Banken und der Industrie

Seit der Zwischenkriegszeit nahmen die Banken – neben den Finanzgesellschaften – eine immer zentralere
Stellung im Netzwerk der grossen Schweizer Firmen
ein: Besonders die drei Grossbanken Bankgesellschaft,

Bankverein und Kreditanstalt hatten unzählige Verbindungen zu anderen Unternehmen. Die Grossbanken funktionieren nach dem kontinentaleuropäischen
Modell der Universalbank und unterscheiden sich
dadurch von Banken, die auf bestimmte Tätigkeiten
wie die Vermögensverwaltung oder das Kreditgeschäft
spezialisiert sind. Ihre zentrale Stellung im Netzwerk
verdankten sie dem Umstand, dass zahlreiche Bankiers in Verwaltungsräten von Industriefirmen sassen.
Die Banken beteiligten sich an den Industrieunternehmen, indem sie ihnen Kredite gewährten oder einen
Teil ihrer Aktien übernahmen. Nehmen wir als Beispiel das Familienunternehmen Sulzer. Im Juni 1914
wurde Sulzer in zwei Aktiengesellschaften gespalten,
die eine mit Sitz in Winterthur, die andere im deutschen Ludwigshafen. Beide wurden der Leitung einer
neu gegründeten Holding mit Sitz in Schaffhausen un-
terstellt. Federführend bei dieser Operation waren die
Bankgesellschaft und der Bankverein, die beide jeweils
ungefähr 8 Prozent des Aktienkapitals der neuen Holding zeichneten. Rudolf Ernst (1865–1956), Verwaltungsratspräsident der Bankgesellschaft, und Léopold
Dubois (1859–1928), Delegierter des Verwaltungsrats
des Bankvereins, traten damals in den Verwaltungsrat
von Sulzer ein.[29]
Trotz der Schlüsselrolle, die die Banken im Netzwerk einnahmen, hatten sie keine einseitige Kontrolle
über die Industriekonzerne. Denn die Industrie konnte sich weitgehend selbst finanzieren und genoss eine
beträchtliche finanzielle Unabhängigkeit. Doch häufig
begrüssten die Industriellen es, wenn Bankiers in ihre
Verwaltungsräte eintraten. Wegen des Depotstimm-
rechts kontrollierten die Banken eine grosse Zahl von
Aktien, für die ihnen Kleinaktionäre das Stimmrecht

an den Generalversammlungen delegiert hatten. Zudem waren die Beziehungen zwischen den Banken und der Industrie gegenseitig: Während viele Bankiers in den Verwaltungsräten grosser Industrieunternehmen sassen, hatten umgekehrt viele Grossindustrielle einen oder mehrere Verwaltungsratssitze bei Banken. So war 1937 Paul Jaberg (1878–1955), der Generaldirektor der Bankgesellschaft, Verwaltungsrat von Sulzer, während Hans Sulzer (1878–1959) im Aufsichtsgremium der Bankgesellschaft sass. Die Beziehungen zwischen Banken und Industrie fussten also auf einer engen Zusammenarbeit zwischen ihren Topmanagern, die erst gegen Ende des 20. Jahrhunderts infrage gestellt werden sollte (Kapitel 10.) Die enge Verflechtung von Finanz- und Industriesektor wurde aber seit Ende der 1930er-Jahre wiederholt vonseiten der politischen Linken und der Gewerkschaften kritisiert, die dagegen protestierten, dass sich die wirtschaftliche Macht in den Händen einer kleinen Elite konzentrierte. Trotzdem sollten auch die zahlreichen Differenzen zwischen den verschiedenen Fraktionen der Wirtschaftseliten nicht vergessen werden. Doch ihr Koordinationssystem erlaubte es den Wirtschaftseliten, Konflikte intern zu lösen und bis in die zweite Hälfte des 20. Jahrhunderts den Status quo zu bewahren.

Netzwerke und Kartelle

Trotz der zentralen Stellung der Banken beruhte das firmenübergreifende Netzwerk auch auf Verbindungen zwischen den Industrieunternehmen. Innerhalb von Branchen und über Branchen hinweg wurden

institutionelle Kontakte geknüpft. So waren etwa die
Unternehmen der Maschinenindustrie, der Speerspit-
ze der zweiten industriellen Revolution, seit dem Ersten Weltkrieg untereinander weit stärker verflochten
als mit jedem anderen Wirtschaftssektor. Obschon es
schwierig ist, die Ursprünge dieser Verbindungen sys-
tematisch zu untersuchen, lassen sich einige wichtige
Faktoren identifizieren: In manchen Fällen beteiligte
sich ein Unternehmen am Kapital eines anderen, oder
zwei Firmen beteiligten sich am jeweils anderen. So
beschlossen zum Beispiel Alioth und die BBC 1910,
Aktien und Verwaltungsratsmitglieder zu tauschen.
Die Umwandlung von Saurer in eine Aktiengesellschaft 1920 war ebenfalls mit einem Austausch von
Aktien und Verwaltungsratsmitgliedern mit Sulzer verbunden. Diese Verbindungen ermöglichten es Firmen
mit komplementären oder ähnlichen Tätigkeiten, sich
zu koordinieren. In anderen Fällen resultierten die
Verflechtungen aus Kartellabkommen. Ein bezeichnendes Beispiel dafür sind die Kabelwerke Cossonay
und Cortaillod. 1912 unterzeichneten die beiden Firmen ein Kartellabkommen mit einem dritten Kabel-
hersteller, der Suhner & Cie. 1923 übernahm Cortaillod eine Mehrheitsbeteiligung an Cossonay. Künftig
waren die beiden Aktiengesellschaften über mehrere
gemeinsame Verwaltungsräte verflochten, wobei viele
davon zu den Nachkommen der Gründerdynastie von
Cortaillod, der Familie de Coulon, zählten. Fünf Jahre später gingen die drei Kabelwerke eine weitere Ver-
einbarung ein, die eine Kontingentierung des Markts
und eine Preisfestsetzung vorsah und ihr Kartell fes-
tigte.[30] Im Allgemeinen entwickelte sich das firmenübergreifende Netzwerk in der Schweiz parallel zur
Entstehung von Kartellen. Die Kartellierung begann

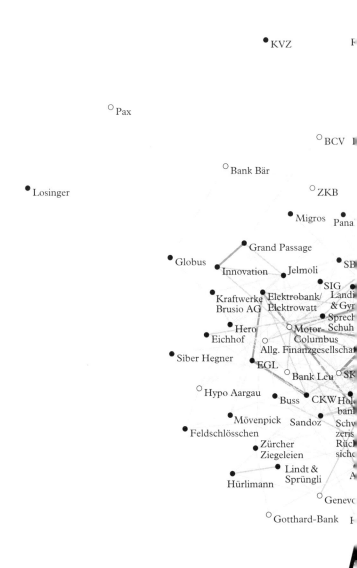

Die Linien verbinden Firmen mit gemeinsamen Verwaltungsratsmitgliedern, die Dicke der Verbindungslinie variiert proportional
zur Anzahl der gemeinsamen Verwaltungsräte.

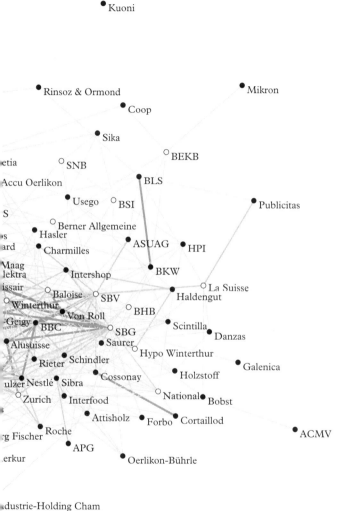

Weisse Punkte stehen für Banken, Finanzgesellschaften und Versicherungen, schwarze Punkte für Unternehmungen aus anderen Wirtschaftssektoren.

in den 1880er-Jahren und beschleunigte sich in der Zwischenkriegszeit massiv. In dieser Hinsicht schlug die Schweiz einen im Vergleich zur USA gegenläufigen Weg ein. Deren Wirtschaftsgesetzgebung verbot Kartelle zu Beginn des 20. Jahrhunderts.

Grosse Auswirkungen auf die Kartellbildung in der Schweiz hatte der Erste Weltkrieg. Da die Schweiz seit Kriegsausbruch aus ihrer Neutralität Nutzen zog, indem sie mit beiden Krieg führenden Parteien wirtschaftlich zusammenarbeitete, beschloss die *Entente*, den Schweizer Aussenhandel zu kontrollieren. Zu diesem Zweck wurde die Société suisse de surveillance économique (SSS) gegründet, die sicherstellen sollte, dass keine Waren aus dem *Entete*-Raum über die Schweiz an die Mittelmächte geliefert wurden. Diese Gesellschaft, die in Syndikate aufgeteilt war, sollte nach dem Krieg eine entscheidende Rolle bei der Kartellierung der Wirtschaft spielen.[31]

Das Netzwerk, das die wichtigsten Schweizer Banken und Unternehmen verband und das sich nach dem Ersten Weltkrieg zunehmend verdichtete, wurde zu einer der Grundfesten der Zusammenarbeit der Schweizer Wirtschaftseliten. Dieser Aspekt der Elitekoordination war zwar weniger sichtbar und daher in der Öffentlichkeit weniger bekannt als die Koordination über die Unternehmerverbände (Kapitel 6), er war aber deswegen nicht weniger bedeutsam. Grafik 2 (S. 82/83), die das Unternehmensnetzwerk von 1980 darstellt, verdeutlicht die zentrale Rolle, die die Banken im Netzwerk innehatten, und das Ausmass, in dem sich die Verbindungen zwischen den Unternehmen seit Anfang des 20. Jahrhunderts verdichteten.

Die Schweizer Grossunternehmer:
Eine Gruppe, die zusammenhält

Die Struktur des Netzwerks, das Unternehmen über ihre Verwaltungsräte bilden, illustriert nicht nur die Koordinationsmechanismen zwischen den Unternehmen. Wie Mills bereits in seinem Standardwerk zur «Machtelite» der Vereinigten Staaten zeigte, schaffen Mehrfachmandate in Verwaltungsräten von Grossunternehmen auch eine sozial einheitliche Wirtschaftselite. Das firmenübergreifende Netzwerk ist ein Ort der Geselligkeit. Die regelmässigen Treffen der Verwaltungsräte tragen dazu bei, gemeinsame Normen und Vertrauen zu schaffen, und sie erlauben es den Wirtschaftsführern, ihren Bekanntenkreis zu erweitern. Die Struktur des Netzwerks spiegelt deshalb auch den sozialen Zusammenhalt zwischen den Mitgliedern der Wirtschaftselite. Dieser wird zudem von Faktoren befördert, die ausserhalb des Geschäftlichen liegen. So stammen die Wirtschaftsführer aus denselben sozial gehobenen Schichten oder besuchen dieselben Orte der Ausbildung und Geselligkeit. Aus dieser Sicht bilden *Big Linkers*, also Personen, die gleichzeitig in mehreren Verwaltungsräten sitzen, eine besonders einflussreiche Gruppe. Ihre Mehrfachverbindungen verleihen ihnen eine privilegierte Position, denn sie sind über die laufenden Diskussionen in den verschiedenen Unternehmen besser orientiert als Verwaltungsräte, die bloss ein Mandat haben. Zwischen 1910 und 1980 sassen in der Schweiz jeweils 20 bis 25 Prozent der Verwaltungsratsmitglieder der 110 grössten Firmen in mindestens zwei, 7 bis 10 Prozent sogar in drei oder mehr Verwaltungsräten. Bankiers wie Fritz Richner im Jahr 1957 oder Robert Holzach im Jahr 1980 übten bis zu zehn Mandate gleichzeitig aus.

Tabelle 10

Anteil von Wirtschaftsführern mit zwei oder mehr Mandaten in den
110 grössten Schweizer Unternehmen, 1910–1980 (in Prozenten)

	1910 (N= 809)	1937 (N= 739)	1957 (N= 828)	1980 (N= 887)
Mehrfachverwaltungsräte (mindestens zwei Mandate)	20,1	25,4	22,9	21,9
Big Linkers (mindestens drei Mandate)	7,2	10,6	8,8	7,9

Stichprobe: Verwaltungsratsmitglieder und Generaldirektoren.

Einige Studien konnten zeigen, dass *Big Linkers* in
der Regel aus den höheren sozialen Schichten stammen und einen sehr exklusiven Kreis bilden.[32] Dieser
Zusammenhang zwischen sozialer Herkunft und wirtschaftlicher Position verstärkt sich selbst: Die Zugehörigkeit zu den gehobenen sozialen Schichten begünstigt
die Kumulation von Mandaten; zugleich verstärkt der
häufige Austausch in den Verwaltungsräten wiederum
den Zusammenhalt dieser Gruppe. Bei den Schweizer
Big Linkers handelt es sich ausschliesslich um Männer.
Ausserdem nehmen die Bankiers in dieser Gruppe eine
Vorrangstellung ein, was die Schlüsselrolle der Banken
und Finanzgesellschaften im firmenübergreifenden
Netzwerk bestätigt. Viele *Big Linkers* entstammen den
grossen Industriellenfamilien, etwa Hermann la Roche (7 Mandate 1910), Hans Sulzer (7 Mandate 1937),
René Bühler (6 Mandate 1957) oder Hans Schwarzenbach (5 Mandate 1980). Manche *Big Linkers* kommen
auch aus grossen Bankiersdynastien wie zum Beispiel

Alfred-Emanuel Sarasin (1922–2005) von der Bank Sarasin & Cie, der 1980 sechs Mandate kumulierte. Schliesslich trifft man viele *Big Linkers* in den Führungsorganen der Spitzenverbände der Wirtschaft. Dies zeigt, dass die Wirtschaftseliten unterschiedliche Mittel kombinierten, um sich zu organisieren.

Das Netzwerk der Verwaltungsräte schuf im 20. Jahrhundert Koordinationsmechanismen zwischen den Unternehmen und verstärkte zugleich den sozialen Zusammenhalt der Wirtschaftseliten. Dieses Netzwerk beruhte weitgehend auf einer Allianz von Bankiers, Industriellen und Mitgliedern der mächtigen Familiendynastien. Natürlich waren auch weitere Netzwerke, zum Beispiel kulturelle Vereinigungen oder Service Clubs wie Rotary, Lions oder Kiwanis, für den Zusammenhalt der Eliten wichtig. So präsidierte etwa Adolf Jöhr von 1922 bis 1940 die Zürcher Kunstgesellschaft.

Wenn der Akzent an dieser Stelle auf der nationalen Integration liegt, heisst das nicht, dass die Spitzenmanager der Schweizer Grossunternehmen in dieser Periode nicht auch zahlreiche internationale Verbindungen pflegten. So war etwa Hans Sulzer zwischen 1917 und 1920 ausserordentlicher Gesandter und bevollmächtigter Minister der Schweiz in Washington, mit dem Auftrag, die Versorgung der Schweiz mit Lebensmitteln und Rohstoffen sicherzustellen. Schweizer Unternehmer waren überdies seit ihrer Gründung 1919 in der Internationalen Handelskammer ICC und in der ein Jahr später gegründeten Internationalen Arbeitgeberorganisation IOE prominent vertreten. Beide Institutionen waren lange vor dem Weltwirtschaftsforum in Davos Treffpunkte der globalen Wirtschaftseliten. Diese internationalen Engagements nahmen gegen Ende des 20. Jahrhunderts noch zu (Kapitel 10).

Kapitel 6

Die Unternehmerverbände

«Tatsächlich gibt es keine Klasse der Unternehmer, und es darf sie auch nicht geben – jegliche Vorstellung einer Klasse steht im Gegensatz zur Menschenwürde. Was es aber gibt, ist eine Unternehmerseele – sie ist es, die alle Individuen antreibt, die im Bewusstsein ihres Werts und ihrer Unabhängigkeit entschlossen ist, dafür zu kämpfen, eine ihrer Persönlichkeit würdige Stellung zu behalten oder zu erlangen.»[33]

Obschon sie regelmässig die Vorstellung zurückwiesen, einer «Klasse» anzugehören, schlossen sich Wirtschaftsführer in unzähligen formellen Organisationen zusammen, um ihre Interessen zu wahren. Zahlreiche Publikationen betonen die grosse Bedeutung der Unternehmerverbände in der Schweizer Wirtschaft und Politik. Dieser liegen verschiedene Faktoren zugrunde: So wurden die Schweizer Unternehmerverbände im europäischen Vergleich früh gegründet, weisen einen hohen Organisationsgrad auf und können sich auf sehr viele Mitglieder abstützen. Zur Bedeutung der Unternehmerverbände trug zudem ein schwacher Bundesstaat bei, der sich im 19. Jahrhundert nicht in Opposition zu den Verbänden entwickelte, sondern in Zusammenarbeit mit ihnen.

Die Unternehmerverbände bieten ihren Mitgliedern verschiedene Dienstleistungen an und vertreten ihre Positionen nach aussen. Sie spielen damit eine

zentrale Rolle für die Koordination der Unternehmerschaft und für die Interessenvertretung gegenüber der
Gesellschaft und den politischen Institutionen. Als
formelle Vertretungsorgane der Unternehmen treten
die Unternehmerverbände und ihre Kader als deren
offizielle Sprachrohre auf. Zudem müssen sie in der
Lage sein, verschiedene Positionen und Standpunkte
in den Reihen der Unternehmer zu überbrücken.

Die Unternehmerverbände im Zentrum
der Interessenpolitik

Die Unternehmerorganisationen haben eine komplexe
Struktur, die die Branchen- und Regionenvielfalt des
Schweizer Wirtschaftsgefüges abbildet. Auf nationaler Ebene sind unter dem Dach von vier bedeutenden
Spitzenverbänden jeweils unterschiedliche Branchen-
organisationen, kantonale und regionale Verbände zu-
sammengeschlossen. Das sind der umgangssprachlich
«Vorort» genannte Schweizerische Handels- und Industrieverein (SHIV), der 1870 gegründet und 2000
in die Economiesuisse überführt wurde; der 1879 gegründete Schweizerische Gewerbeverband (SGV);
der Schweizerische Arbeitgeberverband (SAV), der
1908 gegründet wurde und sich bis 1996 Zentralver-
band Schweizerischer Arbeitgeber-Organisationen
(ZSAO) nannte; hinzu kommt der seit 1897 bestehende Schweizerische Bauernverband (SBV), der die Leiter landwirtschaftlicher Betriebe organisiert. Mit Ausnahme des SAV profitierten alle diese Spitzenverbände
von Bundessubventionen. Diese Subventionen waren
für die Finanzierung der Verbandssekretariate und die

Erfüllung verschiedener Aufgaben von öffentlichem
Interesse vorgesehen. Die Spitzenverbände der Unternehmer zeichneten sich im 20. Jahrhundert durch ihre
hohe Stabilität aus.

Die Verbände setzen sich aus kantonalen Organisationen – den kantonalen Handelskammern oder Kan-
tonalsektionen – und Branchenverbänden zusammen.
Zu den wichtigsten Branchenverbänden gehören die
1912 gegründete und lange vom Vorort unabhängige
Schweizerische Bankiervereinigung (SBVg); der seit
2007 als Swissmem auftretende, 1883 gegründete Verein Schweizerischer Maschinenindustrieller (VSM);
der seit 1897 bestehende Schweizerische Baumeister-
verband (SBV); die 1882 gegründete und sich heute
Scienceindustries nennende Schweizerische Gesellschaft für Chemische Industrie (SGCI) und die 1933
gegründete Interpharma. Zur Differenzierung nach
Regionen und Branchen kommt noch die Arbeitsteilung zwischen dem Vorort und dem Arbeitgeberverband und ihren jeweiligen Mitgliederverbänden: Der
Vorort bzw. Economiesuisse kümmert sich um die wirtschaftlichen Fragen, während der Arbeitgeberverband
arbeitsmarkt- und sozialpolitische Fragen erörtert und
dabei oft mit den Gewerkschaften verhandelt.[34]

Trotz der Vielfalt der Schweizer Volkswirtschaft
und den zahlreichen Fraktionen der Unternehmerschaft gelang es den Unternehmerkreisen, einen starken Zusammenhalt zu bewahren und gegenüber den
Gewerkschaften und der Politik eine geschlossene
Front zu bilden. So konnten sie ihre Differenzen – namentlich zwischen Finanz- und Industriesektor, aber
auch zwischen export- und binnenmarktorientierten
Branchen – überwinden und auf der politischen Ebene
gemeinsame Positionen vertreten.

Die Spitzen- und Branchenverbände der Unternehmer entwickelten dabei einerseits Angebote für ihre Mitglieder und wirkten andererseits auf deren gesellschaftliches und soziales Umfeld ein. Ihre Verbandsleitungen erfüllen eine zentrale Rolle in der Koordination der Aktionen der Unternehmerschaft. Dazu gehören neben der privatwirtschaftlichen Selbstregulierung auch eine massgebliche Teilhabe in der politischen Arena (vgl. die folgenden Kapitel). Die Verbandsleitungen müssen daher nicht nur von den Mitgliedsunternehmen als ihre legitimen und repräsentativen Vertreter wahrgenommen, sondern auch ausserhalb der Organisation anerkannt werden.

Weil der Bundesstaat nur schwach entwickelt war, übernahmen die Unternehmerverbände seit der zweiten Hälfte des 19. Jahrhunderts gewisse wirtschaftspolitische Ordnungsfunktionen. Dazu kam es, weil staatliche Gesetzesgrundlagen fehlten, oder weil der Staat Kompetenzen an sie delegierte. In vielen Bereichen (Arbeitsverhältnis, Berufsbildung, Sozialversicherung, Wettbewerbspolitik, Finanzmarktregulierung) widersetzten sich die Unternehmerverbände erfolgreich einer Ausdehnung des Staatsinterventionismus oder der öffentlichen Gesetzgebung. Stattdessen zogen sie Lösungen vor, die auf Selbstregulierung basieren. Solche privaten Regulierungen (Gesamtarbeitsverträge, Verhaltenskodizes, Richtlinien, *Gentlemen's Agreements*, Empfehlungen), die direkt von den Unternehmerverbänden ausgearbeitet werden, wurden als flexibler eingestuft als die öffentliche Gesetzgebung. Überdies hatten sie den Vorteil, dass dank ihnen gewisse Fragen nicht politisiert werden mussten und wichtige Aspekte der Unternehmenstätigkeit dem Staatseinfluss und der demokratischen Kontrolle entzogen werden konnten.

Die Leitungsorgane der Unternehmerverbände

Die folgenden Ausführungen konzentrieren sich im
Wesentlichen auf die wichtigsten Spitzenverbände der
Unternehmer: den Vorort, den Gewerbeverband, den
Arbeitgeberverband und den Bauernverband. Sie bil-
den die Verbindung zwischen den Unternehmen, der
Politik und der Verwaltung. Die Unternehmerverbän-
de verfügen in der Regel über eine doppelte Führungs-
struktur: Neben den in die Verbandsorgane gewählten
Spitzenmanagern (Vorstandsausschuss, erweiterter
Vorstand, Delegiertenversammlung), die nebenamt-
lich für den Verband tätig sind, besteht diese aus vom
Verband angestellten Funktionären, deren Leiter oft
als Generalsekretär oder Direktor des Verbands be-
zeichnet werden.

Die erste Gruppe bürgt dafür, dass ein Verband
repräsentativ ist. Sie stellt gewissermassen die «Elite»
der Wirtschaftsführer dar: In der Regel sitzen in den
leitenden Verbandsorganen jeweils Persönlichkeiten
aus den wichtigsten Unternehmen der Branche. Die
besoldeten Funktionäre sind dagegen nicht an ein Unternehmen gebunden und widmen sich ausschliesslich
der Verbandstätigkeit. Dazu gehören Dienstleistungen
für die Mitglieder und vor allem das Lobbying gegenüber den politischen Behörden und der Verwaltung
(Kapitel 8).

Die Unterscheidung zwischen nebenamtlichen
Firmenvertretern und hauptamtlichen Verbands-
funktionären verfestigte sich während des Aufstiegs
der Unternehmerverbände in der ersten Hälfte des
20. Jahrhunderts. Zu Beginn des Jahrhunderts verfügten die Verbände lediglich über einen minimal ausge-
bauten Verwaltungsapparat. Der Vorort beschäftigte

zwei oder drei Sekretäre, während der Verband unter dem Namen Economiesuisse heute über 60 Angestellte zählt. Nebenamtliche Mitglieder der Verbandsleitungen übernahmen deshalb in den frühen Jahren weit mehr Aufgaben. Je mehr sich die Verbandstätigkeiten ausdehnten, desto wichtiger wurde die Rolle des hauptamtlichen Verbandsapparats, insbesondere in der politischen Lobbyarbeit.

Diese Arbeitsteilung erklärt auch weitgehend die unterschiedlichen Herkunfts- und Ausbildungsprofile der neben- und hauptamtlichen Verbandsvertreter. Bis in die 1980er-Jahre zeichnen sich die Präsidenten des Vororts und des Arbeitgeberverbands (und auch der Bankiervereinigung) durch ihre sozial gehobene Herkunft aus: Sie stammten oft aus den «grossen Familien», deren beträchtliche Anteile an wichtigen Firmen die Bedeutung des Schweizer Familienkapitalismus unterstreichen (Kapitel 3). Zudem übten sie Leitungsfunktionen in den grössten Schweizer Unternehmen aus – zuerst in der Textilindustrie, später in der Maschinen- und Chemieindustrie, etwa bei Sulzer, Ciba-Geigy, Roche oder BBC –, sassen häufig in mehreren Verwaltungsräten und hatten sich in der Regel in Branchen- oder regionalen Verbänden engagiert, bevor sie das Präsidium eines Spitzenverbands antraten. So wird beispielsweise die Bankiervereinigung von jeher von einem aus einer Gründerfamilie stammenden Privatbankier präsidiert. Die Grossbanken sind zwar im Verwaltungsrat vertreten, haben aber die Vereinigung noch nie präsidiert.

Ein weiterer Kontrast bezüglich des Profils der nebenamtlichen Mitglieder der Verbandsleitungen fällt ins Auge: jener zwischen Vorort, Arbeitgeberverband und Bankiervereinigung auf der einen und Gewerbe-

und Bauernverband auf der anderen Seite. Nicht nur
waren die Verbandspräsidenten der drei erstgenannten
Verbände von sozial höherer Herkunft als die Gewer-
be- und die Bauernvertreter. Auch die Art ihres politischen Engagements unterschied sich: Als KMU-
Chefs oder Berufspolitiker mit kleinbürgerlicher oder
bäuerlicher Herkunft machten sämtliche Präsidenten
des Bauern- und des Gewerbeverbands parallel zu ihrer Präsidentschaft auch politisch Karriere. Von einer
Ausnahme abgesehen – einem kantonalen Regierungsrat –, gehörten alle dem Schweizer Parlament an. Den
Vorständen des Gewerbe- und des Bauerverbands gehörten immer mehrere Bundesparlamentarier an. Diese Vertreter von kleinen und mittleren Unternehmen,
die sich ins öffentliche Leben einbrachten, kompen-
sierten so das Fehlen des mit einem Spitzenmandat in
einem Grossunternehmen verbundenen Sozialpresti-
ges, indem sie ein politisches Mandat auf Bundesebene ausübten. Dieses Profil war beim Vorort oder dem
Arbeitgeberverband weit weniger verbreitet, bei der
Bankiervereinigung fehlte es ganz.

Tabelle 11

Liste der Präsidenten der wichtigsten Schweizer Unternehmerverbände, 1900–1980

Vorort		
Name	Amtsdauer	Politisches Mandat
Hans Wunderli	1900–1917	NR FDP
Alfred Frey	1917–1924	NR FDP
John Syz	1924–1934	NR FDP
Hans Sulzer	1935–1951	-
Carl Koechlin	1951–1964	-
Hans Robert Schwarzenbach	1964–1970	-
Étienne Junod	1970–1976	-
Louis von Planta	1976–1987	-
Gewerbeverband		
Jakob Scheidegger	1897–1915	NR FDP
Hans Tschumi	1915–1929	NR SVP
August Schirmer	1930–1941	NR FDP
Paul Gysler	1941–1951	NR SVP
Ulrich Meyer	1951–1968	NR FDP
Karl Hackhofer	1968–1973	NR CVP
Rudolf Etter	1973–1982	NR SVP

Arbeitgeberverband		
Name	Amtsdauer	Politisches Mandat
Gustave Naville	1908–1921	-
Ulrico Vollenweider	1922–1926	-
Leo Bodmer	1926–1947	-
Albert Dubois	1948–1968	-
James Emil Haefely	1968–1974	-
Fritz Halm	1975–1984	-
Bauernverband		
Johann Jenny	1897–1930	NR FDP
Franz Moser	1930–1935	NR CVP
Ferdinand Porchet	1935–1949	VD FDP
Rudolf Reichling	1949–1961	NR SVP
Joachim Weber	1961–1974	NR FDP
Peter Gerber	1974–1988	SR SVP

Die Jahrzahlen geben die Amtsdauer als Verbandspräsident an.
NR: Nationalrat
SR: Ständerat
VD: Kantonsregierung Kanton Waadt
FDP: Freisinnig-Demokratische Partei
CVP: Christlichdemokratische Volkspartei (bis 1970 Konservativ-Christlich-soziale Volkspartei)
SVP: Schweizerische Volkspartei (bis 1971 BGB)

Der Gegensatz zwischen Hans Robert Schwarzenbach (1913–1993) und Ulrich Meyer (1903–1987) ist frappierend und veranschaulicht die soziale Vielfalt des Schweizer Unternehmertums (Tabelle 11). Schwarzenbach entstammte einer einflussreichen Familie, die an der Spitze einer der damals wichtigsten Textilkonzerne stand. Er war ein Enkel von General Wille, hatte einen Doktortitel in Rechtswissenschaften und leitete das seiner Familie gehörende Unternehmen. Bevor er zum Präsidenten des Vororts gewählt wurde, hatte er die Zürcher Handelskammer und die Zürcherische Seidenindustrie-Gesellschaft präsidiert. Zudem sass er in den Verwaltungsräten der Kreditanstalt, der BBC, von Nestlé und Ciba-Geigy. Meyer dagegen war Sohn eines Fellhändlers, verfügte über ein Handelsdiplom und übernahm das Sanitärinstallationsgeschäft seines Schwiegervaters in Zürich. Bevor er an die Spitze des Gewerbeverbands und in den Nationalrat aufstieg, hatte er als Präsident des Schweizerischen Spenglermeister- und Installateur-Verbands gewirkt.

Hinter den Kulissen: Die hauptamtlichen Verbandsfunktionäre

Obschon sie weniger im medialen Rampenlicht stehen und nicht direkt den wirtschaftlichen Erfolg der Grossunternehmen verkörpern, sind die hauptamtlichen Verbandsfunktionäre zentrale Akteure in der Unternehmerwelt (vgl. die Porträts von «Unternehmerfunktionären» S. 99f.). Als die Verwaltungsapparate der Unternehmenerverbände im 20. Jahrhundert ausgebaut wurden, kam es zu einer zunehmenden Spezialisierung der Verbandsfunktionäre. Ihre Aufgaben unterschieden sich immer stärker von denjenigen der nebenamtlichen Mitglieder der Leitungsorgane. Die hauptamtlichen Verbandsfunktionäre stammten aus sozial bescheideneren Verhältnissen, jedenfalls im Vorort, im Arbeitgeberverband und in der Bankiervereinigung. Umgekehrt verfügten sie oft über ein höheres Bildungsniveau als die hauptberuflich als Grossunternehmer oder Spitzenmanager tätigen Vorstandsmitglieder. Fast alle Verbandsfunktionäre besassen einen Universitätsabschluss in Recht oder Ökonomie. Die grosse Mehrheit unter ihnen und sämtliche Direktoren der Spitzenverbände hatten sogar einen Doktortitel.

Während den Präsidenten die Aufgabe zukommt, den Verband zu repräsentieren, sind die Unternehmerfunktionäre öffentlich weniger exponiert. Hingegen sind sie aufgrund ihrer Funktion direkt an der Ausformulierung der Verbandspositionen beteiligt, insbesondere im Rahmen von Vernehmlassungsverfahren und in den Expertenkommissionen. Weil das Parlament im Schweizer Politiksystem historisch gesehen schwach ist, gilt das vorparlamentarische Verfahren als entscheidende Phase des politischen Entscheidungsprozesses. Zur vorparlamentarischen Phase gehören die vorbereitenden Arbeiten der ausserparlamentarischen Kommissionen und die Vernehmlassungsverfahren. Dank ihrem hohen Bildungsniveau und ihren umfassenden Kenntnissen der komplexen rechtlichen Dossiers gehörten die professionellen Mitarbeiter der Unternehmerorganisationen zu den einflussreichsten politischen Akteuren. Sie waren in allen formellen und informellen Instanzen präsent, die sich mit den wichtigen Aspekten der Gesetzgebung und der Umsetzung der Wirtschafts- und Sozialpolitik befassen. Obschon einige von ihnen auf Bundesebene politisch Karriere machten (Kapitel 7), übernahmen sie nur vereinzelt politische Mandate. Diese «Vordenker» der Unternehmerschaft definierten die Strategien der Organisationen und handelten die Kompromisse zwischen den unterschiedlichen Fraktionen der Unternehmerschaft in informellen Koordinationsinstanzen aus.

Drei wichtige «Unternehmerfunktionäre»

Die drei folgenden Persönlichkeiten übten einen prägenden und nachhaltigen Einfluss auf die Entwicklung und die politischen Strategien der von ihnen geführten Spitzenverbände aus.

Vorort: *Heinrich Homberger* (1896–1985), der Architekt der Schweizer Handelspolitik

Nach dem Abschluss seines Studiums der Wirtschaftswissenschaften an der Universität Zürich mit dem Doktortitel stellte sich Homberger während seiner ganzen beruflichen Laufbahn in den Dienst des Vororts: ab 1922 zunächst als Sekretär und von 1939 bis 1965 als Direktor. Während des Zweiten Weltkriegs und in den Nachkriegsjahren war er einer der entscheidenden Architekten der Aussenhandelspolitik des Bundes. Als Mitglied zahlloser ausserparlamentarischer Kommissionen, darunter der berühmten Ständigen Delegation für Wirtschaftsverhandlungen, einem Organ, das der Abstimmung zwischen der Handelsabteilung des Volkswirtschaftsdepartements und den Unternehmerverbänden diente, vertrat er während fast 30 Jahren wirksam die Interessen der wichtigsten Exportindustrien. Nicht ohne Grund wurde dem Direktor des Vororts während Hombergers Zeit an der Verbandsspitze das Etikett des «achten Bundesrats» angehängt.

Arbeitgeberverband: *Otto Steinmann* (1876–1961), einer der Väter der arbeitgeberischen Sozialpolitik

Nach Abschluss seines juristischen Studiums mit einem Doktorat der Universität Bern war Steinmann kurz in einem Anwaltsbüro und einer Versicherungsgesellschaft tätig. Nach der Gründung des Arbeitgeberverbands 1908 stand er während seiner ganzen Karriere in dessen Diensten.

Zuerst als Sekretär und darauf als Delegierter (Direktor) arbeitete er fast 40 Jahre für den Arbeitgeberverband; sogar nach seiner Pensionierung blieb er von 1947 bis 1959 Vorstandsmitglied. Seine entscheidende Rolle in der Entwicklung des Arbeitgeberverbands unterstrich der langjährige Präsident Leo Bodmer zu Steinmanns 70. Geburtstag: «Das Wirken von Dr. Otto Steinmann seit 1908 darzulegen, würde bedeuten, die Geschichte des Zentralverbandes zu beschreiben.»[35] Zu den politischen Dossiers, die Steinmann prägte, gehörten die Einrichtung von Ausgleichskassen und später auch die Verwaltung der Alters- und Hinterlassenenversicherung (AHV).

Bauernverband: *Ernst Laur* (1871–1964), unbestrittener Führer der Schweizer Bauern

Ernst Laur, Inhaber eines Doktorats der Agronomie der Universität Leipzig, wurde 1898 zum ersten Sekretär des Bauernverbandes gewählt – und blieb es bis 1939. Parallel dazu lehrte er von 1908 bis 1937 als ordentlicher Professor für landwirtschaftliche Betriebslehre an der ETH Zürich. Er entwickelte die landwirtschaftliche Statistik, baute das Fachwissen des Bauernsekretariats auf und machte den Bauernverband zu einem wichtigen politischen Machtzentrum. Als Verkörperung des Bauernverbands während mehr als 40 Jahren war er einer der massgeblichen Architekten des «Bürgerblocks». Dieses Bündnis vereinte – trotz zahlreicher Differenzen – die verschiedenen Fraktionen des industriellen, finanziellen und landwirtschaftlichen Unternehmertums im Kampf gegen die Arbeiter. Ohne dass er je ein gewähltes politisches Mandat bekleidet hätte, war Laur eine der zentralen politischen Figuren der ersten Hälfte des 20. Jahrhunderts.

Gelang es den Unternehmerorganisationen während der ersten Hälfte des 20. Jahrhunderts, sich als zentrale politische und wirtschaftliche Akteure durchzusetzen, so sollten sie ab den 1990er-Jahren einen bedeutenden Wandel ihrer Rolle und ihres Einflusses erleben (siehe dritter Teil).

Kapitel 7

Unternehmer in der Politik

Viele Mitglieder der aus der Gemeinde Schönenwerd (SO) stammenden Familie Bally, die lange an der Spitze einer der grössten Schuhfabriken Europas standen, zeichneten sich durch ein grosses politisches und gesellschaftliches Engagement aus. Der Firmengründer Carl Franz Bally (1821–1899) übte Mandate auf kommunaler, kantonaler und nationaler Ebene aus. Sein Sohn Eduard (1847–1926) und sein Enkel Iwan (1876–1965) gehörten ebenfalls der Bundesversammlung an – und leiteten gleichzeitig ihr Unternehmen im Familienverband. Die Ballys waren zudem dafür bekannt, in ein soziales Vorsorgesystem zugunsten ihres Personals zu investieren. Regelmässig leisteten sie Beiträge für wohltätige Werke in ihrer Heimatgemeinde. Die gesellschaftliche Ausstrahlung und ihr Beitrag zum lokalen Sozialleben sicherten Familien wie den Ballys eine gewisse Popularität und Legitimität, um auf lokaler oder nationaler Ebene politische Ämter auszuüben.

Das politische Engagement der Schweizer Wirtschaftseliten beschränkte sich allerdings nicht auf die Präsenz von Persönlichkeiten aus den grossen Industriellenfamilien im politischen Leben. Auch weitere Akteure aus dem Unternehmermilieu übten politische Mandate aus, etwa Spitzenmanager, Funktionäre der Unternehmensverbände oder Parlamentarier mit Verwaltungsratsmandaten. Die starke Vertretung der

Wirtschaftsführer in den eidgenössischen Räten hängt mit dem Milizsystem zusammen. Parlamentsmandate wurden nur minimal entschädigt und setzten daher eine gleichzeitige hauptberufliche Tätigkeit voraus. Zudem bewogen die direktdemokratischen Instrumente die Wirtschaftsführer, ihr Engagement während den Abstimmungskämpfen zu verstärken.

Milizsystem und Engagement der Unternehmer

Der Milizcharakter des schweizerischen Parlaments beförderte lange Zeit das Engagement der Unternehmerkreise – Firmenchefs oder Verbandssekretäre – im Bundesparlament. Der politische Einsatz der Wirtschaftsführer beschränkte sich im Übrigen nicht auf die Bundesebene. Noch stärker manifestierte er sich über kommunale und kantonale politische Mandate. Die gleichzeitige Ausübung von Führungspositionen in Wirtschaft und Politik – von Offizierspositionen in der Armee ganz zu schweigen – blieb lange Zeit typisch für die Schweizer Eliten. Sie offenbart die Konzentration der Macht auf eine kleine Gruppe von Akteuren. Versuche, das eidgenössische Parlament zu professionalisieren, stiessen auf rigorosen Widerstand der Unternehmerkreise. Sie fürchteten ein Erstarken des Parlaments und die Entstehung einer finanziell autonomen und kaum im Berufs- und Wirtschaftsleben verankerten *Classe politique*.[36] Die Verflechtung von Wirtschaft und Politik und die geringen sozialen Unterschiede zwischen Parlamentariern und der Zivilgesellschaft, insbesondere der Wirtschaft, verfestigten die Macht der Unternehmerkreise weiter.

Einen ersten Gesamtüberblick über die Präsenz der Wirtschaftseliten in der eidgenössischen Politik gewinnt man durch eine langfristige Analyse der Entwicklung der Anzahl Führungskräfte aus dem Leitungskader der 110 grössten Unternehmen und der vier Spitzenverbände der Unternehmer, die im Bundesparlament sassen (Tabelle 12).

Tabelle 12

Anzahl der Unternehmervertreter im Parlament, 1910–1980

	1910		1937		1957		1980	
	1)	2)	1)	2)	1)	2)	1)	2)
FDP (+LPS)	50	7	16	4	18	6	22	5
CVP	13	-	12	3	6	3	6	4
SVP	-	-	6	4	9	3	9	3
SPS	-	-	12	-	15	-	4	-
Andere	1	-	-	-	2	-	1	-
Total*	64 (13)	7	46 (6)	11	50 (9)	12	42 (7)	12

1) Verwaltungsräte und Generaldirektoren der 110 grössten Schweizer Unternehmen; 2) Vorstandsmitglieder der vier Spitzenverbände (Vorort, Gewerbe-, Arbeitgeber-, Bauernverband); in Klammern die Anzahl der Parlamentarier, die eine exekutive Leitungsfunktion oder das Präsidium eines Verwaltungsrats in einem der 110 grössten Unternehmen ausüben.

Bemerkenswert sind folgende Ergebnisse: Erstens nahm die Anzahl der Verwaltungsräte der 110 grössten

Unternehmen im Parlament zwischen 1910 und 1937
deutlich ab. Danach stabilisierte sich die Zahl bei 40
bis 50 Abgeordneten. 1910 sass fast ein Drittel der Parlamentarier (64 von 216) bei einem der 110 grössten
Unternehmen im Verwaltungsrat (1910 gehörten den
beiden Parlamentskammern nur 216 Mitglieder an,
in den anderen Stichjahren waren es jeweils mehr als
240). Damals wurde der Nationalrat im Majorzverfah-
ren gewählt, der Freisinn war noch in beiden Kammern
die klar dominierende Partei. Mit der Einführung des
Proporz 1919 und der Wahl zahlreicher Vertreter der
Sozialdemokraten und der BGB (die 1971 zur SVP
wurde), sank der Anteil der «Parlamentarier-Verwal-
tungsräte» beträchtlich. Beide Parteien waren kaum
mit der Welt der Grossunternehmen verbunden. Die
Abnahme von direkten Verbindungen zwischen den
wichtigsten Firmen des Landes und dem Parlament
darf nun allerdings nicht als Machtverlust der Unternehmenskreise gedeutet werden: Vielmehr verschoben
sich deren Einflusskanäle in der Zwischenkriegszeit
vermehrt zur Verwaltung und den ausserparlamentarischen Kommissionen, welche ab den 1930er-Jahren
an Bedeutung gewannen (Kapitel 8).

Zweitens wird der Status der FDP als «Wirtschafts-
partei» bestätigt: Ihre Fraktion hielt die Mehrheit der
Verwaltungsratsmandate und die grösste Anzahl von
Unternehmern und Direktoren. Berücksichtigt man
nur Privatfirmen ohne staatliche Beteiligung, wird die
freisinnige Vorrangstellung noch stärker sichtbar. Die
Mehrheit der Abgeordneten anderer Parteien sassen
oft in Verwaltungsräten von Firmen, die ganz oder teilweise von der öffentlichen Hand kontrolliert wurden
(grosse Kantonalbanken, Elektrizitätswerke oder Ver-
kehrsbetriebe wie die SBB). So kann man etwa die von

sozialdemokratischen Parlamentariern wahrgenom-
menen Verwaltungsratsmandate so gut wie ausschliesslich solchen Firmen zuordnen.

Drittens war die Zahl der Parlamentarier in den
Vorständen der vier Spitzenverbände (diese zählen
zwischen zehn und fünfzehn Mitglieder) nicht sehr
gross – allerdings mit markanten Unterschieden zwischen den Verbänden. Der Bauernverband und der
Gewerbeverband zählten mit Abstand am meisten Parlamentarier, darunter viele Vertreter von kleinen und
mittleren Unternehmen sowie Landwirte. Der Arbeitgeberverband und der Vorort hatten ihrerseits weit weniger Abgeordnete in ihren Vorständen.

Diese Zahlen unterschätzen allerdings das Gewicht der Unternehmerschaft, weil sie auf die grössten
Unternehmen und die Spitzenverbände beschränkt
bleiben. In der Tat sassen in den eidgenössischen Räten aber auch zahlreiche Chefs von KMU und einige
hauptamtliche Funktionäre von Branchen- und Kan-
tonalverbänden.

Vielfältige Engagements

Dieser erste Aufriss der politischen Mandate der Un-
ternehmensvertreter unterstreicht die Vielfältigkeit
ihrer Engagements. Schematisch können wir drei
Hauptkategorien unterscheiden: 1.) Wirtschaftsführer;
2.) angestellte Sekretäre von Unternehmerverbänden;
3.) «Politiker», oft Rechtsanwälte, die in den Leitungs-
organen von Grossunternehmen sitzen.

Neben der eingangs erwähnten Familie Bally engagierten sich auch weitere Vertreter von Schweizer

Grossunternehmen in der Politik. Die Familie Sulzer etwa stellte mit Eduard Sulzer-Ziegler (1854–1913) und Carl Jakob Sulzer-Schmid (1865–1934) einige national gewichtige Politiker, die auch in den Verbänden der Maschinenindustrie führende Rollen einnahmen. In der St. Galler Familie Schmidheiny, die an der Spitze des Zementmultis Holcim steht, zählte man nicht weniger als drei nationale Parlamentsmitglieder – alle in der freisinnigen Partei: Ernst (1871–1935), Jacob (1875–1955) und Max (1908–1991). Aus dem Kanton Neuenburg waren es Marcel (1882–1945) und Sydney (1889–1976) de Coulon, die unter der Bundeskuppel Platz nahmen. Beide standen an der Spitze von Grossunternehmen und von branchenweiten Unternehmerverbänden.

Unter den grossen Figuren ist auch Gottlieb Duttweiler (1888–1962), der Gründer der Migros und des Landesrings der Unabhängigen (LdU), zu erwähnen. Als eigentlicher *Outsider* in der Welt der Unternehmer wurde Duttweiler zu einer der populärsten Persönlichkeiten des Landes und die Migros – oft auf Kosten der kleinen Detailhändler – zu einem der wichtigsten Grossverteiler. In den 1970er-Jahren, als der LdU mit einem Wähleranteil von 10 Prozent seinen Höhepunkt erlebte, bestand die Mehrheit seiner Parlamentarier aus Kaderangestellten der Migros.

Doch von diesen wenigen Beispielen abgesehen, engagierten sich Topmanager von Grossunternehmen eher selten in der Politik. Die Mehrheit der Unternehmer in der Politik waren öffentlich kaum bekannte Chefs von KMU. Diese Firmenchefs verbanden das Bundesparlament mit den nationalen Spitzenverbänden oder den Regional- und Branchenverbänden der Unternehmerschaft.

Die zweite Kategorie der Unternehmervertreter im
Parlament waren die hauptamtlichen Sekretäre. Diese
waren zwar nicht sehr zahlreich, galten aber als besonders einflussreich. Ihre Verbindungen zu den Verbänden verliehen ihnen eine starke Legitimität, und sie
konnten auch auf die logistische Unterstützung der
Verbände zählen. Ausserdem waren sie eigentliche
Berufspolitiker, die sich hauptsächlich der politischen
Arbeit widmeten. So konnten sie hoch spezialisierte Kompetenzen in den für die Unternehmenskreise
prioritären Themenbereichen erwerben. Weil sie ihre
Dossiers beherrschten, galten sie oft als «Meinungs-
macher» innerhalb ihrer Parlamentsfraktion. Zu den
Berufspolitikern, die die Positionen der Unternehmer
vertraten, können wir Otto Fischer (1915–1993), den
«grossen Mann» des Gewerbeverbands, und Heinz Al-
lenspach (*1928), den langjährigen Direktor des Arbeitgeberverbands und Sozialversicherungsspezialis-
ten, zählen.
    Schliesslich gibt es noch eine dritte Kategorie von
Parlamentariern mit einem direkten Draht zur Welt
der Unternehmen: Abgeordnete, die gleichzeitig in
Verwaltungsräten von Unternehmen sassen. Die Einbindung dieser Parlamentarier, oft Rechtsanwälte, in
wichtige Verwaltungsräte erfolgte meist erst nach ihrer
Wahl ins Parlament. Mit ihren profunden juristischen
Kenntnissen konnten sie dem Unternehmen im Rahmen ihres Verwaltungsratsmandats nützliche Dienste
leisten und ihm eine direkte Verbindung ins Parlament
sichern beziehungsweise dort seine Interessen vertreten. Für diesen oft sehr einflussreichen Abgeordneten-
typ gab es zahlreiche Beispiele (vgl. die Porträts von
Rechtsanwälten S. 109f.).

Rechtsanwälte mit Parlaments- und Verwaltungsratsmandaten

Zuerst Rechtsanwalt und kantonaler Parlamentarier, wurde *Robert Schöpfer* (1869–1941) als freisinniger Kandidat in den Regierungsrat des Kantons Solothurn (1912–1933) gewählt. Parallel dazu wirkte er als Parteipräsident des kantonalen (1915–1938) und nationalen (1919–1923) Freisinns und als Ständerat (1917–1939). Nach 1933 nahm er seine Tätigkeit als Rechtsanwalt wieder auf und wurde in zahlreiche Verwaltungsräte gewählt, so unter anderem bei Von Roll (Präsident von 1929 bis 1941), der SIG, bei Bally, Scintilla und der Eidgenössischen Bank.

Der Bundesratssohn *Karl Obrecht* (1910–1979) war als Doktor der Universität Zürich und Rechtsanwalt während fast 20 Jahren National- und dann Ständerat. Er sass in den Verwaltungsräten von Nestlé, des Bankvereins, der SIG und der Allgemeinen Schweizer Uhrenindustrie Aktiengesellschaft (ASUAG).

Hans Munz (1916–2013), Doktor der Universität Bern, hielt während 16 Jahren ein Mandat als Thurgauer Ständerat. Er war bei der Bankgesellschaft, den Berner Versicherungen und den SBB Verwaltungsrat und präsidierte zehn Jahre den Verwaltungsrat von Saurer.

Der aus Altdorf (UR) stammende *Franz Muheim* (1923–2009) übte zuerst verschiedene politische Mandate auf kommunaler und kantonaler Ebene aus, bevor er 1971 in den Ständerat gewählt wurde, wo er bis 1987 blieb.

Gleichzeig nahm er verschiedene Verwaltungsratsmandate wahr, so für Schindler (Präsident
von 1979 bis 1995), für den Bankverein und die
SBB.

Unternehmer im Abstimmungskampf

Die Teilnahme an Referendumskampagnen ist ein
noch wenig erforschter Aspekt der politischen Aktivitäten von Wirtschaftsführern. Im politischen System
der Schweiz können Stimmbürger über die Instrumente der direkten Demokratie – die Volksinitiative,
sowie das obligatorische und fakultative Referendum
– direkt befragt werden. In diesem Kontext wird es für
die Wirtschaftseliten entscheidend, effizient in die öffentliche Debatte eingreifen und dort die eigenen Positionen vertreten zu können. Die Aktivitäten der Unternehmerorganisationen in der direktdemokratischen
Arena haben in erster Linie reaktiven Charakter: Sie
bekämpfen von der Linken und den Gewerkschaften
– also von politischen Minderheiten – lancierte Volksinitiativen oder stellen vom Parlament angenommene
Gesetze infrage. Dagegen lancieren sie – im Gegensatz
zu den Gewerkschaften und der politischen Linken –
so gut wie nie eigene Volksinitiativen.

Wollen sie sich in die öffentliche Debatte einbrin-
gen, müssen die Unternehmer Strategien entwickeln,
die sich von ihren traditionellen Lobbying-Tätigkei-
ten gegenüber Politik und Verwaltung unterscheiden
(Kapitel 8). In Abstimmungskämpfen geht es darum,
die Stimmbürger zu überzeugen, und nicht nur darum, Entscheidungen des Bundesrats, seiner Verwal-

tung oder des Parlaments zu beeinflussen. Bis in die 1940er-Jahre intervenierten die Unternehmerverbände in Referendumskämpfe ad hoc und je nach Abstimmung unterschiedlich. Erst im Lauf der 1930er-Jahre gingen sie dazu über, ihre Propaganda- und Kampagnentätigkeit zu formalisieren, namentlich als Folge des Abstimmungssiegs gegen die berühmte «Kriseninitiative» von Gewerkschaften und Linkskreisen 1935. Diese mit über 330 000 Unterschriften eingereichte Initiative formulierte ein eigentliches Gegenprogramm zur Wirtschaftspolitik des Bundesrats und schlug vor, die Wirtschaftskrise über umfangreichere Staatsinterventionen zu bekämpfen. Vor diese Herausforderung gestellt, griffen die Unternehmerkreise zur grossen Kelle, um das Nein durchzusetzen.[37] Bei einer Rekordbeteiligung von 84,4 Prozent wurde die Initiative schliesslich von 57,2 Prozent der Stimmbürger verworfen.

Nach diesem wichtigen Abstimmungskampf gründeten 1936 einige Wirtschaftsführer mit Vertretern der konservativen Rechten das *Redressement National*, dessen Ziel der Kampf gegen den Etatismus und die Propagierung einer liberalen Wirtschaftsordnung war. Gleichzeitig sollte es während Volksabstimmungen als Koordinationsbüro dienen. 1942 wurde auf Anregung der im *Redressement National* aktiven Unternehmervertreter die Gesellschaft zur Förderung der Schweizerischen Wirtschaft (die sogenannte wf) gegründet. Seither kümmert sich dieser neue Unternehmerverband darum, Dokumentationen für die Medien herzustellen und die Abstimmungskampagnen zu organisieren.

Zugleich von Grossunternehmen und verschiedenen Unternehmerverbänden finanziert, hatte die wf, deren Vorstand Vertreter des Vororts, des Arbeitgeberverbands und Wirtschaftsführer angehörten, den Auftrag, die öffentliche Meinung zu beeinflussen und Werbekampagnen zu organisieren. Ihre hauptamtlichen Funktionäre waren Kommunikationsexperten und Journalisten. So zum Beispiel die zwei ersten Sekretäre: Hermann Büchi (1888–1959) war ein ehemaliger Journalist; Robert Eibel (1906–1986) war zuerst Direktor des *Redressement National* und danach bis 1946 Sekretär der wf. Danach gründete er seine eigene Public-Relations-Firma, die in verschiedenen Kampagnen der Unternehmer sehr aktiv war. Von 1963 bis 1975 sass er als Freisinniger im Nationalrat. Auch einige weitere Direktoren der wf waren Parlamentarier auf Bundesebene: Raymond Deonna (1910–1972), Richard Reich (1927–1991) und Gilbert Coutau (*1936).

Unter Führung der wf gelang es den Unternehmerkreisen in der Nachkriegszeit regelmässig, Volksinitiativen der Gewerkschaften und Linksparteien zu bekämpfen, so etwa Vorschläge für die Verkürzung der Arbeitszeit, für mehr Steuergerechtigkeit oder die Mitbestimmungs- und die Bankeninitiative. Erst sehr viel später, im Jahr 2000, fusionierten der Vorort und die wf zur Economiesuisse und vereinigten damit die Propagandatätigkeit und Interessenvertretung der Unternehmer unter einem Dach (Kapitel 11).

Das Verhältnis zur Verwaltung: Zwischen Verflechtung und Lobbying

Neben dem politischen Engagement der Wirtschaftsführer im Parlament entwickelten die Schweizer Unternehmerkreise weitere Strategien zur Beeinflussung
von Politik und Verwaltung. Die wichtigste Rolle
kommt dabei den Unternehmerorganisationen zu.
Diese pflegten enge Beziehungen zur Bundesverwaltung, die lange nicht ausreichend ausgestattet war, um
ihren Aufgaben nachkommen zu können. Dank ihrer
Verbindungen zur Verwaltung konnten die Verbände
politische Entscheide direkt, diskret und informell vor-
bereiten und beeinflussen.

Diese Nähe zwischen Privatwirtschaft und öffent-
licher Verwaltung führte manchmal auch zur Berufung
von Wirtschaftsvertretern an die Spitze von wichtigen
Bundesämtern. Umgekehrt wandten sich auch einige
Chefbeamte der Privatwirtschaft zu und übernahmen
Führungsfunktionen in Grossunternehmen.

Der Einfluss der Wirtschaftseliten auf die Milizverwaltung

In historischer Perspektive sträubten sich die Unternehmerkreise häufig dagegen, dass staatliche Inter-
ventionen ausgeweitet wurden, und zogen stattdessen
Lösungen vor, die auf Selbstregulierung basierten. In

den Fällen, wo nichtstaatliche Lösungen nicht mehr genügten, versuchten die Unternehmer, Probleme durch eine enge Zusammenarbeit mit der öffentlichen Verwaltung zu lösen, etwa in den Bereichen der Sozialversicherungen, der Berufsbildung, der Wettbewerbsregulierung oder der Aussenwirtschaftspolitik.[38] Bis weit in die zweite Hälfte des 20. Jahrhunderts basierten die Beziehungen der Unternehmerkreise zu Politik und Verwaltung auf undurchsichtigen und wenig formalisierten Koordinationsinstanzen. So waren etwa Arbeitsgruppen, Kommissionen, Expertengruppen und Delegationen, die aus Chefbeamten und Unternehmensvertretern zusammengesetzt waren, entscheidend an der Ausarbeitung und Umsetzung der Schweizer Wirtschafts- und Sozialpolitik beteiligt.

Noch Ende des 19. Jahrhunderts zeichneten sich die Beziehungen zwischen der Verwaltung und den Unternehmern durch ihren informellen und punktuellen Charakter aus. Die Beziehungen zwischen Wirtschaft und Verwaltung konzentrierten sich auf ganz bestimmte Fragen, etwa die Aushandlung der Zolltarife. In der ersten Hälfte des 20. Jahrhunderts, die von zwei Weltkriegen und der Weltwirtschaftskrise der 1930er-Jahre geprägt war, wurden die Beziehungen weiterentwickelt und teilweise formalisiert. Seit den 1920er-Jahren führte dieser Prozess dazu, dass zahlreiche ausserparlamentarische Kommissionen gegründet wurden. Solche Kommissionen setzten sich mehrheitlich aus Personen zusammen, die von ausserhalb der Bundesverwaltung kamen, etwa aus Vertretern von Kantonen, der Wissenschaft oder der Privatwirtschaft. Sie sollten die Verwaltung beraten und waren an der Umsetzung bestimmter politischer Entscheide beteiligt. Sie bildeten, was Raimund Germann als eine «Milizverwaltung» bezeichnete, und stützten sich überwiegend auf privatwirtschaftliches Expertenwissen.

Die Zeit vom Ersten Weltkrieg bis in die 1930er-Jahre war von einer doppelten Dynamik geprägt: Einerseits dehnte der Bundesrat seine Vorrechte auf Kosten des Parlaments aus, andererseits stieg die Anzahl der ausserparlamentarischen Kommissionen stark an. Zählte man 1910 erst rund 30 solche Gremien, waren es 1937 bereits mehr als doppelt so viele. Tatsächlich wurden während des Ersten Weltkriegs mehrere neue Kommissionen nach dem Vorbild der Société suisse de surveillance économique (SSS) geschaffen – häufig angelehnt an die drei wichtigsten Spitzenverbände (Vorort, Gewerbeverband, Bauernverband). Überdies entstanden seit den 1920er-Jahren Kommissionen, die auf Wirtschaftsfragen spezialisiert waren, beispielsweise die Preisbildungskommission (gegründet 1927), die Kommission für Konjunkturbeobachtung (1932), die Eidgenössische Bankenkommission (1935) oder die Kartellkommission (1961), die die Preisbildungskommission ersetzte. In diese Reihe gehören weiter verschiedene Kommissionen, die sich mit den Sozialversicherungen befassten, sowie die 1927 gegründete Schweizerische Zentrale für Handelsförderung, in der Unternehmervertreter eine zentrale Rolle einnahmen.

Nach 1945 nahm die Verflechtung zwischen der Verwaltung und der Privatwirtschaft weiter zu. Die Zahl der ausserparlamentarischen Kommissionen stieg bis 1980 auf fast 300 an. Die Unternehmer bzw. ihre Vertreter waren in diesen Kommissionen stark vertreten, wobei ihr Gewicht mit der steigenden Anzahl Kommissionen zunahm. Seit den 1930er-Jahren war mehr als ein Drittel der Sitze in den ausserparlamentarischen Kommissionen mit Männern besetzt, die im weiteren Sinne dem Unternehmermilieu zugeordnet werden können. Daneben fanden sich dort Verwaltungsbeamte, wissenschaftliche Experten, Politiker und Delegierte anderer Interessengruppen wie der Gewerkschaften. Konzentriert man sich auf die Spitzenmanager der 110 wichtigsten Unternehmen, lässt sich feststellen, dass ihre Präsenz in den Kommissionen nach dem Zweiten Weltkrieg abnimmt. Noch in der ersten Hälfte des 20. Jahrhunderts sassen in den Kommissionen mehr Unternehmensführer als Vertreter von Unternehmerverbänden. Die Interessen der Unternehmer wurden in den ausserparlamentarischen Kommissionen also immer mehr von den (hauptamtlichen) Funktionären und Sekretären übernommen. Besonders hoch war der Anteil von Unternehmervertretern in den Kommissionen des Volkswirtschaftsdepartements und des Departements des Inneren. In diesen wurden die wirtschaftlichen und sozialen Fragen ausgehandelt, die für die Grossunternehmen zentral waren.

Im Zuge der Institutionalisierung und Intensivierung der Beziehungen zwischen Verwaltung und Privatwirtschaft verschob sich der Fokus des politischen Entscheidungsprozesses ab den 1930er-Jahren vom Parlament in die vorparlamentarische Phase. Entsprechend richteten die Unternehmerverbände ihre Strategien der Einflussnahme zunehmend auf die Verwaltung und die vorparlamentarische Phase aus. Wirtschaftsführer, die als National- oder Ständeräte im Parlament präsent sind, brauchte es deshalb immer weniger (Kapitel 7). Über ihren privilegierten Zugang zu den ausserparlamentarischen Kommissionen verfügten die Unternehmerkreise aber weiterhin über einen beträchtlichen Einfluss auf die Ausarbeitung und Umsetzung der Sozial- und Wirtschaftspolitik.

Verbandssekretäre an der Spitze der Bundesverwaltung

Im Unterschied zur französischen École nationale d'administration (ENA) gibt es in der Schweiz keine Institution, an der speziell die Verwaltungseliten ausgebildet werden. Dies ist mit ein Grund, dass Chefbeamte häufig in der Privatwirtschaft rekrutiert werden. So ist es keineswegs selten, dass Unternehmerverbandsfunktionäre in den Staatsdienst wechseln. Neben den formellen Verbindungen zwischen Politik und Verwaltung, die über die Bundesversammlung oder über die ausserparlamentarischen Kommissionen funktionieren, manifestiert sich die Nähe zwischen den Unternehmerorganisationen und der Bundesverwaltung auch über die beruflichen Laufbahnen ihres Spitzenpersonals.

Gewisse Bereiche der Verwaltung sind für die Unternehmerverbände und ihre Mitglieder besonders wichtig. Entscheidend für die im Vorort bzw. in der Economiesuisse organisierten grossen Exportunternehmen ist die Handelsabteilung, die ab 1979 Bundesamt für Aussenwirtschaft (BAWI) hiess und 1999 seinerseits im Staatssekretariat für Wirtschaft (SECO) aufging. Für die Banken und die Bankiervereinigung ist die Nationalbank, die für die Währungspolitik zuständig ist, die bedeutendste Institution. Das Bundesamt für Industrie, Gewerbe und Arbeit (BIGA, 1999 ins SECO integriert), verantwortlich für die Arbeitsmarkt- und Berufsbildungspolitik, ist für alle Firmen und besonders für den Gewerbeverband und den Arbeitgeberverband von grosser Bedeutung. Die engen Beziehungen zwischen diesen Amtsstellen und den Unternehmerverbänden begünstigten die Berufung von Verbandssekretären auf Chefbeamtenposten. Denn diese verfügen über spezifische, in der Verwaltung gesuchte Fachkompetenzen.

Die engen Beziehungen zwischen Vorort und Handelsabteilung überdauerten das ganze 20. Jahrhundert. Arnold Eichmann (1853–1936) wirkte im 19. Jahrhundert als erster hauptamtlicher Sekretär des Vororts und wurde später von 1896 bis 1922 auch erster Chef der Handelsabteilung. Sein Nachfolger Ernst Wetter (1877–1963) verfolgte eine Laufbahn in gegenläufiger Richtung. Nach seiner Zeit als Generalsekretär des Volkswirtschaftsdepartements wurde er von 1922 bis 1924 Vorsteher der Handelsabteilung. Danach war er Direktor des Vororts und machte parallel dazu eine glänzende politische Karriere, die ihn bis in den Bundesrat (1939–1943) führte.

Auch an der Spitze des 1930 gegründeten BIGA standen wiederholt ehemalige Unternehmerverbandssekretäre. Bevor Albert Grübel (1918–2002) die Direktion des BIGA übernahm, war er Sekretär des Vororts und danach Delegierter für Handelsverträge in der Handelsabteilung. Jean-Pierre Bonny (*1931) wurde nach einer langen Zeit als Sekretär des Gewerbeverbands von 1974 bis 1984 BIGA-Direktor und gehörte schliesslich von 1983 bis 1999 als Freisinniger dem Nationalrat an. Klaus Hug (*1940) war seinerseits während rund zehn Jahren Sekretär des Arbeitgeberverbands, bis er von 1984 bis 1991 als Nachfolger Bonnys die Leitung des Bundesamts übernahm. Eine derartige Nähe lässt sich auch in anderen Bereichen der Verwaltung, etwa der öffentlichen Aufsicht über die Privatversicherungen und Banken oder im Bundesamt für Landwirtschaft, feststellen.

Von der Verwaltung in die Wirtschaft

Bis jetzt wurde in erster Linie analysiert, wie Unternehmerkreise Einfluss auf Parlament, Regierung und Verwaltung nehmen. Umgekehrt kommt es aber auch vor, dass Grossunternehmen ehemalige Chefbeamte der Bundesverwaltung rekrutieren. Solche Wechsel von Spitzenbeamten in privatwirtschaftliche Führungspositionen sind besonders in Frankreich sehr häufig und werden dort unter dem Begriff «Pantouflage» kontrovers diskutiert.[39]

In der Schweiz ist dieses Karriereprofil weit weniger verbreitet. Allerdings zeigen einige Beispiele, dass Übertritte von den Führungsetagen der öffentlichen Verwaltung in die Spitzenpositionen der Privatwirtschaft auch hierzulande durchaus vorkommen. Diese Fälle betreffen in erster Linie höhere Beamte, aber auch alt Bundesräte, die ihre Karriere an der Spitze von Grossunternehmen abschliessen.

Bei einigen Bundesräten stellen die Jahre in der Regierung kaum mehr als ein Zwischenspiel einer privatwirtschaftlichen Karriere dar. So kam es vor, dass Bundesräte nach ihrem Rücktritt wieder dieselben Verwaltungsratsmandate aufnahmen, die sie vor ihrer Wahl niedergelegt hatten. Das war etwa bei Walther Stampfli (1884–1965) der Fall, welcher nach sechs Jahren im Bundesrat (1941–1947) das Verwaltungsratspräsidium

bei Von Roll übernahm, wo er bereits vor seiner Wahl
in die Regierung als Generaldirektor tätig gewesen
war. Auch Ernst Wetter (1877–1963) präsidierte nach
seinem Rücktritt 1943 den Verwaltungsrat der AIAG,
dem er schon vor seiner Wahl in die Landesregierung
im Jahr 1938 angehört hatte.

Andere Bundesräte fallen dadurch auf, dass sie
nach ihrem Rücktritt zahlreiche Verwaltungsratsmandate bekleideten. Stellvertretend für viele andere ver-
weisen wir hier auf Max Petitpierre (1899–1994), der
in den 1960er-Jahren Verwaltungsratspräsident von
Nestlé war, Nello Celio (1914–1995), der die Verwaltungsräte von Alusuisse, Suchard und Sibra präsidierte, oder Ernst Brugger (1914–1998), der in den
1980er-Jahren Verwaltungsratspräsident der Schweizerischen Volksbank war. Diese politischen Eliten stellten das im Lauf ihrer langen Karriere angehäufte So-
zialkapital in den Dienst von Grossunternehmen.

Neben alt Bundesräten wurden auch Chefbeamte aus Schlüsselbereichen der Bundesverwaltung an
die Spitzen grosser Privatunternehmen berufen. In
dieser Hinsicht ragen die Handelsabteilung, die Nationalbank und die Eidgenössische Finanzverwaltung
besonders heraus – so gut wie alle kamen aus diesen
drei Institutionen. Dies ist kein Zufall, denn diese Ver-
waltungseinheiten kümmern sich um für die Grossfirmen besonders sensible und wichtige Fragen wie
die Handels-, Währungs- und Finanzpolitik oder die
Staatsfinanzen. Ihre Kompetenzen verschaffen den
Chefbeamten daher erhebliche Vorteile. Die «Wechs-
ler» wenden sich besonders dem Finanzsektor (Grossbanken und Versicherungsgesellschaften) sowie den
grossen, exportorientierten Industriekonzernen zu.
Wie bei den alt Bundesräten erfolgt dieser Schritt in

die Privatwirtschaft meist am Ende der Karriere. Es kommt aber auch vor, dass Chefbeamte der Bundesverwaltung noch in relativ jungen Jahren den Rücken kehren und eine zweite Karriere in der Privatwirtschaft antreten.

Vier «Wechsler» zwischen Wirtschaft und Verwaltung

Paul Victor Keller (1898–1973) lehrte von 1930 bis 1937 als Professor an der Handels-Hochschule St. Gallen. Darauf war er von 1937 bis 1946 Delegierter für Handelsverträge in der Handelsabteilung und von 1947 bis 1956 SNB-Direktor. Im Alter von 60 Jahren verliess er den öffentlichen Dienst und präsidierte von 1958 bis 1964 den Verwaltungsrat der Schweizerischen Rückversicherungsgesellschaft und war zudem Verwaltungsratsmitglied der Kreditanstalt.

Eberhardt Reinhardt (1908–1977), ursprünglich Anwalt, war Mitarbeiter des Finanzdepartements und wurde bereits in jungen Jahren, von 1945 bis 1947, Direktor der Eidgenössischen Finanzverwaltung. Als er 40 Jahre alt war, warb ihn die Kreditanstalt ab. Dort wirkte er zunächst als Mitglied und schliesslich von 1948 bis 1973 als Präsident der Generaldirektion.

Edwin Stopper (1912–1988) begann seine Karriere als Sekretär des Vororts. Danach war er als Delegierter für Handelsverträge in der

Handelsabteilung und als Direktor der Eidgenössischen Finanzverwaltung (1960–1961) tätig. Von 1961 bis 1966 stand er der Handelsabteilung vor und wurde schliesslich, von 1966 bis 1974, Präsident der Nationalbank. Am Ende seiner Karriere nahm er verschiedene Verwaltungsratsmandate bei Schweizer Grossunternehmen wahr, darunter von 1977 bis 1984 das Präsidium der Bank Leu.

Untypischer verlief die Karriere von *Peter Binswanger* (1916–1997), der zuerst Sektionsleiter im Bundesamt für Sozialversicherungen war. 1956 wechselte er mit 40 Jahren zu den Winterthur Versicherungen, wo er bis zum Generaldirektor (1968–1981) aufstieg. Von 1956 bis 1980 sass er in der Eidgenössischen AHV-Kommission und prägte die Ausgestaltung der Altersversicherung entscheidend mit. Er wird oft als der Erfinder des sogenannten Dreisäulensystems der Schweizer Altersvorsorge betrachtet.

Diese Durchlässigkeit zwischen öffentlicher Verwaltung und Privatwirtschaft war lange ein Zeichen der fehlenden Differenzierung der Bundesverwaltung gegenüber der Zivilgesellschaft. Die jüngere Entwicklung ist dagegen von einer Verstärkung der Ressourcen der Verwaltung und einer Autonomisierung des Privatsektors geprägt (Kapitel 11).

Dritter Teil

Der Umbruch
im ausgehenden
20. Jahrhundert

In den ersten beiden Teilen wurde aufgezeigt, wie das
von den Schweizer Wirtschaftseliten nach dem Ersten Weltkrieg geschaffene Kooperationssystem über
weite Teile des 20. Jahrhunderts funktionierte. Dieses
System beruhte auf Eliten, die eine gemeinsame, oft
rechts- oder ingenieurwissenschaftliche Ausbildung
durchliefen und militärische Führungserfahrung besassen. Darauf aufbauende Rekrutierungs-, Auswahl-
und Reproduktionsformen erlaubten es den Eliten,
den Zugang zu Machtpositionen zu kontrollieren. Das
Gefüge verfestigte sich über regelmässige Kontakte in
den firmenübergreifenden Netzwerken und den formellen Unternehmerorganisationen sowie über enge
Verbindungen mit der öffentlichen Verwaltung und
den eidgenössischen Räten. Diese Elemente hatten
System, sie hingen voneinander ab und trugen zur
Formierung einer Wirtschaftselite bei, deren Stabilität
und Machtfülle in ganz Europa ausserordentlich war.

Diese Stabilität weicht ab den 1990er-Jahren bedeutenden Veränderungen, die von der Globalisierung
und der Finanzialisierung der Wirtschaftsbeziehungen
ausgehen. Seit den 1990er-Jahren internationalisierten sich auch die Spitzenmanager der Grossunternehmen rasch. Dies veränderte die Zusammensetzung
der Wirtschaftseliten grundlegend und stellte ihre bisherigen Koordinations- und Rekrutierungspraktiken
infrage. Gleichzeitig liessen sich die Schweizer Grosskonzerne zunehmend vom angelsächsischen Ansatz
des *Shareholder Value* inspirieren, der die Interessen
der Aktionäre in den Vordergrund stellte. Angeregt
von den Chancen, die sich auf den liberalisierten Fi-
nanzmärkten boten, forderten die Grossunternehmen
von ihren Topmanagern neue Kompetenzen und Strategien.

Welche Auswirkungen hatten diese strukturellen Veränderungen auf die Elitenbildung, und welche Ressourcen brauchte es nun, um an die Spitze eines Schweizer Grosskonzerns zu gelangen? Wie entwickelte sich die Zusammensetzung der Wirtschaftseliten bezüglich Nationalität, Geschlecht und Ausbildung? Welche Konsequenzen hatte die Internationalisierung der Wirtschaft für die Beziehungen zur Politik?

Diese Fragen werden in drei Schritten beantwortet: Nach der Analyse der Profile der neuen Wirtschaftseliten (Kapitel 9) wird die Erosion der alten Machtnetzwerke beschrieben (Kapitel 10); zum Schluss soll aufgezeigt werden, wie sich die Verbindung zwischen Unternehmerschaft und Politik abschwächte und sich in Richtung eines pluralistischen und professionellen Lobbyings entwickelte (Kapitel 11).

Seit den 1990er-Jahren hat sich das Profil der Schweizer Wirtschaftsführer internationalisiert – sowohl hinsichtlich ihrer Herkunft als auch ihrer Bildung und Karriere. Nationale, «schweizerische» Ressourcen, die für einen Aufstieg ins Topmanagement lange unabdingbar waren, verloren stark an Wert. Hinzu kam ab den 1980er-Jahren eine Transformation der Bildungswege, insbesondere ein Bedeutungsverlust von Jura und ein Aufschwung ökonomischer Studiengänge. Schliesslich erhöhte sich auch die Vertretung von Frauen in Spitzenpositionen – allerdings nur leicht.

Unternehmen, die vermehrt auf die Maximierung des *Shareholder Value* setzten, trugen zu einer allgemeinen Erosion des Schweizer Firmennetzwerks bei und beförderten die Entstehung eines stärker konkurrenzorientierten Systems. Dieser Prozess resultierte in einer Fragmentierung der Schweizer Eliten und einer Verschiebung der Machtpositionen: Die Spitzenmanager der grössten Schweizer Unternehmen zogen sich allmählich aus den nationalen Netzwerken zurück und vernetzten sich mehr und mehr in transnationalen Räumen und Organisationen.

Der Umbruch der 1990er-Jahre fand seinen Niederschlag auch in den Beziehungen zwischen Wirtschaft und Politik: Internationalisierung und Finanzialisierung der Wirtschaft führten zu neuen Spannungen zwischen unterschiedlichen Fraktionen der Unternehmerschaft und stellten die Legitimität der grossen Unternehmerverbände infrage. Überdies verloren die Unternehmerverbände als Folge einer wachsenden Formalisierung des Gesetzgebungsprozesses und der ausserparlamentarischen Kommissionen gegenüber Parlament und Verwaltung an Einfluss. Die Aufwertung von Parlament und Verwaltung führte zu neuen Formen von professionellem Lobbying.

Die neuen Eliten

«Acht?», antwortete im April 2012 der damalige Generaldirektor der Credit Suisse, Brady Dougan (*1959), als *Das Magazin* ihn nach der Zahl der Bundesräte fragte. Mit dieser ironischen, weil falschen Antwort spielte der Amerikaner augenzwinkernd auf die für ihn untergeordnete Bedeutung des Schweizer Politsystems an. Dreissig Jahre vorher kannte der Mann, der damals im Direktionsbüro der Kreditanstalt am Paradeplatz sass, Rainer E. Gut (*1932), nicht nur sämtliche Bundesräte, sondern pflegte gleich zu mehreren von ihnen persönliche Beziehungen. Zudem leistete er in der Armee als Hauptmann Dienst, sass im einflussreichen Vorstand der Bankiervereinigung und organisierte – als Verwaltungsratspräsident von Nestlé – die Rive-Reine-Konferenz, ein informelles und exklusives Treffen der Schweizer Wirtschaftselite. Zweifellos gehörte er zu den einflussreichsten Schweizer Geschäftsleuten seiner Zeit.[40]

Die Geschichte dieser beiden Männer veranschaulicht, wie die Globalisierung ein nationales Wirtschaftsfeld umpflügte. Wie in den meisten westlichen Ländern funktionierten die Schweizer Wirtschaftseliten über weite Strecken des 20. Jahrhunderts in einem nationalen Rahmen und konnten auch innerhalb nationaler Grenzen untersucht werden. Ihr Zusammenhalt war eng. Die Wirtschaftsführer durchliefen dieselben Studiengänge an inländischen Universitäten, engagierten sich in den nationalen Wirtschaftsnetzwerken und waren, wie das Beispiel von Rainer E. Gut zeigt, eng mit der Schweizer Politik verbunden. Im Gegensatz zu Gut studierte Brady Dougan, der Sohn eines Bahnangestellten aus Illinois, nicht an einer Schweizer Universität, sitzt bei keiner anderen grossen Schweizer Firma im Verwaltungsrat und hat keinen Bezug zur Schweizer Armee. Dafür besitzt er den Titel eines MBA der Booth School of Business der Universität von Chicago und pflegt ein Netzwerk, das er in seiner langen, von den Vereinigten Staaten über Europa bis Asien reichenden Karriere geknüpft hat. Seine Laufbahn widerspiegelt die Geschichte der Entwertung nationaler Ressourcen und Netzwerke zugunsten der wachsenden Bedeutung kosmopolitischer Kompetenzen: Auslandserfahrungen, globale Vernetzung, Sprachkompetenzen und international anerkannte Bildungstitel.

Die zunehmende Internationalisierung der «Schweizer» Wirtschaftselite

1980 waren unter den Spitzenmanagern der 110 grössten Schweizer Unternehmen nur sieben Ausländer. Diesen gelang es zudem nicht, in die einflussreichsten Kreise der Schweizer Wirtschaft (Banken, multinationale Konzerne der Maschinen- und Chemieindustrie) vorzustossen, sie leiteten meist (relativ) marginale Firmen. Beispiele sind der bei der Warenhauskette Grand Passage tätige Franzose Jean de Wailly (1916–2003) oder der Norweger Truls Berg (*1932) von der Mobiliarversicherung. Diese Randstellung der ausländischen Topmanager erstaunt nicht, blieben sie doch von den

Begegnungsorten einer noch sehr schweizerischen Elite ausgeschlossen: Keiner von ihnen sass im Vorstand eines grossen Unternehmerverbands oder in einer ausserparlamentarischen Kommission. Die zentralsten Firmen des Schweizer Unternehmensnetzwerks beriefen kaum Ausländer in ihre Verwaltungsräte. Erst zwischen 1980 und 2000 kam es zu einer starken Internationalisierung der Chefetagen der Schweizer Grosskonzerne (Tabelle 13). Im Jahr 2000 standen 42 ausländische Topmanager an der Spitze eines der 110 grössten Unternehmen; 2010 waren es 69. Ihr Anteil stieg von 3,6 Prozent im Jahr 1980 auf 34,5 Prozent im Jahr 2010. Wie neue Analysen zeigen, ist dieser Anteil auch im Vergleich mit anderen europäischen Ländern ausserordentlich hoch.[41]

Woher kommen die ausländischen Spitzenmanager? Ein Blick auf ihre nationale Herkunft zeigt, dass wir nicht wirklich von einer Globalisierung des Managements sprechen können. Tatsächlich sind einige Weltregionen in den Führungsspitzen der Schweizer Unternehmen gar nicht vertreten. So kam im Jahr 2000 kein einziger Schweizer Wirtschaftsführer aus Afrika, Asien oder Lateinamerika – nur wenige stammten aus den USA. Es ist deshalb angemessener, von einer Europäisierung des Spitzenmanagements der grössten Schweizer Unternehmen zu sprechen. Erst zwischen 2000 und 2010 nahm der Anteil von nicht europäischen – vor allem nordamerikanischen – Führungskräften zu (von 1,1 auf 6%).

Tabelle 13

Nationalität der Spitzenmanager der 110 grössten Schweizer Unternehmen, 1980–2010 (in Prozenten)

	1980 (N= 186)	2000 (N= 187)	2010 (N= 200)
Schweizer	96,3	77,2	65,5
Europäer	3,1	21,7	28,5
Nichteuropäer	0,5	1,1	6,0
Total	100,0	100,0	100,0

Stichprobe: Generaldirektoren, Verwaltungsratspräsidenten und -delegierte.

Zwischen 2000 und 2010 veränderte sich auch die Zusammensetzung der europäischen Führungskräfte, die in der Schweiz tätig waren: Während der Anteil der Franzosen, Briten und Österreicher konstant blieb, stieg derjenige der Deutschen von 6 auf 13,5 Prozent. Wie schon zu Beginn des 20. Jahrhunderts wurden die Deutschen damit wieder zur grössten Ausländergruppe an der Spitze von Schweizer Unternehmen.

Doch nicht nur die nationale Herkunft der ausländischen Spitzenmanager diversifizierte sich. Auch ihr Werdegang war zunehmend unterschiedlich. Einige hatten ein eigenes Unternehmen gegründet oder waren Grossaktionäre wie der Franzose Jean-Paul Clozel (*1955), der 1997 zusammen mit seiner Frau das Pharmaunternehmen Actelion gründete. Andere – man könnte sie als «Kletterer» der Schweizer Grosskonzerne bezeichnen – waren schon in jungen Jahren in Schweizer Grossunternehmen eingetreten und diesen oft viele Jahre treu geblieben. Der Deutsche Helmut Maucher (*1927), Verwaltungsratspräsident von Nestlé von 1990 bis 2000, war schon 1947 in die Firma eingetreten, wurde aber erst nach einer langen Karriere in der deutschen Filiale 1980 Generaldirektor. Allerdings sank der Anteil der firmeninternen «Kletterer» zugunsten von zwei anderen Typen von ausländischen Führungskräften. Einerseits wächst die Zahl der «M&A-Kletterer» – «M&A» steht für *Mergers and Acquisitions,* sprich Fusionen und Übernahmen. Diese Manager haben ihre Karriere bis an die Spitze von ausländischen Unternehmen gemacht, die dann mit einer Schweizer Firma fusioniert haben oder von einer Schweizer Firma übernommen wurden. Andererseits gibt es auch Fälle von extern rekrutierten Managern, die von der Spitze einer ausländischen Firma direkt in die Führung eines Schweizer Unternehmens wechseln.

Von «schweizerischen» zu «kosmopolitischen» Ressourcen

Noch in den 1980er-Jahren waren «schweizerische» Ressourcen für den Aufstieg an die Spitze von Schweizer Grossunternehmen unentbehrlich. Den Ruf und die Kompetenzen erwarb man sich über nationale Bildungstitel, die Zugehörigkeit zu lokalen Netzwerken und Beziehungen zur Politik. Das erklärt, warum damals nur wenige Ausländer Führungspositionen in Schweizer Firmen bekleideten.

Selbst wenn gegen Ende des 20. Jahrhunderts die Anzahl Ausländer zunahm, so blieb ihr Einfluss vorerst beschränkt. Sie eroberten zunächst marginale

Branchen und Unternehmen, die im Netzwerk der
Schweizer Firmen lediglich Randpositionen einnahmen. Obschon die Grossbanken mit dem Kauf von
Unternehmen auf den amerikanischen und britischen
Märkten seit den 1980er-Jahren (Kreditanstalt) bzw.
seit Anfang der 1990er-Jahre (Bankgesellschaft) radi-
kale Internationalisierungsstrategien verfolgten, erko-
ren sie erst 2001 zum ersten Mal einen ausländischen
Manager zum CEO, nämlich den Briten Luqman Arnold (*1950), der kurze Zeit die UBS führte.

Um die Jahrhundertwende begannen sich die
Machtverhältnisse zwischen den schweizerischen und
ausländischen Spitzenmanagern zu drehen. 2010 standen die wichtigsten und kapitalstärksten Konzerne
unter der Leitung von Ausländern: Neben Brady
Dougan bei der Credit Suisse stand mit Novartis-Chef
Joe Jimenez (*1959) ein weiterer US-Amerikaner an
der Spitze eines Schweizer Grosskonzerns. Paul Bulcke
(*1954), ein Belgier, war Generaldirektor von Nestlé,
der Deutsche Oswald Grübel (*1943) leitete die UBS
und der Amerikaner Joe Hogan (*1957) die ABB. Keiner dieser Männer ist Offizier der Schweizer Armee
oder besonders präsent im Netzwerk der Schweizer
Unternehmen; nicht einer pflegt enge Beziehungen zu
einer schweizerischen Unternehmerorganisation oder
einer politischen Partei.

Damit stellt sich die Frage, warum ausländische
Wirtschaftsführer, die während des grössten Teils des
20. Jahrhunderts am massiven Mauerwerk der «Alpenfestung» Schweiz scheiterten, so plötzlich und zahlreich in die Kommandozentralen der schweizerischen
Wirtschaft gelangen konnten. Was hat ihnen einen
derartigen Durchbruch ermöglicht? Um die Jahrhundertwende wurden für den Zugang zur Schwei-

zer Wirtschaftselite Eigenschaften und Ressourcen
wichtig, die – in Anlehnung an den Begriff des kulturellen Kapitals – als «kosmopolitisches Kapital» be-
zeichnet werden können. Die französische Soziologin
Anne-Catherine Wagner definiert «kosmopolitisches»
oder «internationales Kapital» als Ressourcen, die es
einem ermöglichen, sich überall zu Hause zu füh-
len – unabhängig von der geografischen Entfernung
zum Herkunftsort.[42] Über kosmopolitisches Kapital
verfügt, wer fliessend Fremdsprachen (vor allem Eng-
lisch) spricht, mit anderen Ländern vertraut ist, sich
selbstbewusst in Ländern mit anderen Verhaltensnor-
men und Kulturen zu bewegen weiss und regelmässi-
ges Reisen gewohnt ist. Diese Kompetenzen werden
während Auslandsaufenthalten, in internationalen
Ausbildungsgängen (wie dem MBA) oder in multinationalen Konzern erworben, wo die zukünftigen Spitzenmanager täglich mit Mitarbeitern mit höchst unterschiedlicher Herkunft konfrontiert sind.

Die höhere Bedeutung des kosmopolitischen Kapitals führte zu einer Abwertung des «schweizerischen
Kapitals»: Ein Offiziersrang in der Armee oder Beziehungen zur Politik und dem Verbandswesen haben
2010 nicht mehr die gleiche Bedeutung wie 1980. Angesichts einer zunehmend globalisierten Welt, in der
über die Regulierung der Wirtschaft in Organisationen
wie der EU, der Welthandelsorganisation WTO oder
der G20 entschieden wird, haben gute Beziehungen
ins Schweizer Parlament an Bedeutung verloren. Zudem finanzieren sich Unternehmen in der Gegenwart
zunehmend an der Börse, wodurch sich ihr Aktienkapital internationalisiert. Damit verlieren auch die Verflechtungen zwischen den Schweizer Unternehmen
ihre Daseinsberechtigung (Kapitel 10). Schliesslich

wurde die gesetzliche Beschränkung der Anzahl Ausländer in den Verwaltungsräten von Schweizer Firmen
2007 abgeschafft. Auch der Anteil von Schweizer Wirtschaftsführern, die politische Ämter wahrnehmen oder
in ausserparlamentarischen Kommissionen sitzen,
nahm ab. Dasselbe gilt für die Offizierslaufbahn: 1980
waren 58 Prozent der Schweizer Spitzenmanager Offiziere (Kapitel 4), 2000 waren es noch 50 Prozent, 2010
nur noch 41 Prozent. Obschon der Anteil der Offiziere
insgesamt zurückgeht, bleibt er damit immer noch relativ hoch.

Neue Bildungswege

Der Wandel der Wirtschaftseliten beschränkt sich
allerdings nicht nur auf ihre Internationalisierung.
Auch ihre Bildungsprofile veränderten sich. Im Jahr
2010 verfügte eine erdrückende Mehrheit der Wirtschaftsführer über eine universitäre Ausbildung, aber
der Inhalt dieser Bildung hatte sich verändert. Diese
Entwicklung kann in drei Punkten zusammengefasst
werden: neue Studienfächer, eine Neuordnung der
Hierarchien zwischen den Universitäten und die zunehmende Bedeutung neuer Abschlüsse, insbesondere
des MBA-Titels. Bis in die 1980er-Jahre war die juristische Ausbildung vor allem in der Bankenbranche
weit verbreitet. Wie Grossbritannien und Deutschland
kannte die Schweiz keine berufsqualifizierende Ausbildung für Wirtschaftskader in der Art amerikanischer
Business Schools.

Tabelle 14

Studienfächer der Spitzenmanager der 110 grössten Schweizer
Unternehmen, 1980–2010 (in Prozenten)

	1980 (N= 186)	2000 (N= 187)	2010 (N= 200)
Rechtswissenschaften	22,8	16,0	11,0
Volks- und Betriebswirtschaft	11,1	19,0	31,0
Ingenieurwissenschaften	18,0	20,5	17,0
Studienfach unbekannt	12,7	9,5	9,0
Keine universitäre Ausbildung	16,4	15,0	16,5
Andere	5,8	16,0	10,5
Keine Angaben	13,2	4,0	5,0
Total	100,0	100,0	100,0

Stichprobe: Generaldirektoren, Verwaltungsratspräsidenten und -delegierte.

Diese Situation begann sich ab den 1980er- und
1990er-Jahren zu verändern: Der Anteil juristisch ge-
schulter Wirtschaftsführer sank; die Zahl der Spitzenmanager mit einem Studium in Volks- oder Betriebswirtschaft nahm beträchtlich zu (Tabelle 14). Dieser
Anstieg – der mit einer Verstärkung der Position der
Wirtschaftswissenschaften innerhalb der Schweizer
Universitäten einherging – entsprach einer Professionalisierung der Managerrolle. Nun durchliefen Spitzenmanager nicht mehr generalistische Studiengänge
wie Recht, sondern erwarben sich in ihrem Studium
ein klar umgrenztes und anwendungsorientiertes

Know-how. Ingenieure pflegten traditionell enge Beziehungen zur Maschinen- und Chemieindustrie. Der
Prozentsatz der Spitzenmanager mit dieser Ausbildung
blieb zwischen 1980 und 2010 auf demselben Niveau.

Tabelle 15

Studienort der Spitzenmanager der 110 grössten Unternehmen,
1980–2010 (in Prozenten)

	1980 (N= 186)	2000 (N= 187)	2010 (N= 200)
Universität St. Gallen	3,3	6,5	12,5
ETH Zürich	14,1	15,8	12,0
Universität Zürich	5,4	6,5	7,0
Universität Bern	6,5	5,4	3,5
Andere Schweizer Universitäten	29,3	13,6	11,0
Ausländische Universitäten	2,7	17,9	29,0
Keine universitäre Ausbildung	16,4	15,0	16,5
Fehlende Angaben	22,1	19,2	8,5
Total	100,0	100,0	100,0

Stichprobe: Generaldirektoren, Verwaltungsratspräsidenten und -delegierte.

Parallel zur zunehmenden Bedeutung der Wirtschaftswissenschaften gewann auch die Universität St. Gallen
an Gewicht für die Ausbildung der Wirtschaftseliten.
Während 1980 nur 3 Prozent der Wirtschaftsführer an
dieser Universität studiert hatten, lag ihr Anteil 2010

höher als derjenige der ETH-Absolventen (Tabelle 15). Auf einer grösseren Stichprobe beruhende Analysen zeigen, dass die Universität St. Gallen heute über die höchste «Platzierungsstärke» aller schweizerischen Universitäten[43] und damit über den in den Augen der Arbeitgeber besten Ruf verfügt. Was unterscheidet diese Universität von den anderen Schweizer Hochschulen? Sie ist die erste schweizerische Hochschule, die sich in eine *Business School* nach amerikanischem Vorbild gewandelt hat. Die Universität St. Gallen begann sehr früh, einen Verein von Alumni, also ehemaligen Studierenden, aufzubauen, die Internationalisierung ihrer Studenten- und Dozentenschaft zu fördern, nach Kooperationsmöglichkeiten mit der Privatwirtschaft zu suchen und englischsprachige Vorlesungen anzubieten. Die Tabelle 15 zeigt, dass auch der Anteil von Spitzenkadern, die an ausländischen Universitäten ausgebildet wurden, stark anstieg. Hatte es sich 1980 noch um eine kleine Minderheit (3 Prozent) gehandelt, lag ihr Anteil 2010 bei fast 30 Prozent.

Die «McKinsey-Connection»

In den 1980er- und 1990er-Jahren nahmen viele Schweizer Unternehmen Restrukturierungen mit dem Ziel vor, ihre Betriebsorganisation zu rationalisieren und sich auf ihr Kerngeschäft zu konzentrieren. Besonders während der 1990er-Jahre übernahmen sie dabei die Prinzipien des *Shareholder Value*. Diese halten Grossunternehmen dazu an, ihre Gewinne nicht mehr zurückzuhalten, um sie in neue Pro-

duktionsmittel und Arbeitskräfte zu reinvestie-
ren («retain and reinvest»), sondern Personal
abzubauen und die so erzielten kurzfristigen
Gewinne an die Aktionäre zu verteilen («down-
size and distribute»).[44] Die Beratungsfirma
McKinsey ist einer der hauptsächlichen Akteure und Nutzniesser dieses Wandels. Die Anzahl
der von McKinsey in ihrer Schweizer Filiale
beschäftigten Berater stieg zwischen 1976 und
2001 explosionsartig von 8 auf 299 an.

Um die Jahrhundertwende war McKinsey
mit PricewaterhouseCoopers die einzige Firma, die über Honorarzahlungen ein jährliches
Einkommen von über einer Milliarde Schweizer Franken erwirtschaften konnte. Wie früher
die Armee, spielt McKinsey heute zudem eine
Rolle als Sammelbecken der neuen Schweizer Eliten. 2003 bekleideten 500 ehemalige
McKinsey-Mitarbeiter Leitungsfunktionen in
den wichtigsten Wirtschaftszweigen des Landes.[45]

Die Laufbahn von Lukas Mühlemann
(*1950), einer der emblematischen Figuren der
«McKinsey-Boys», gibt hier Aufschluss. Er studierte Wirtschaft an der Hochschule St. Gallen
(1969–1973) und erwarb danach einen MBA
an der Harvard Business School. 1977 trat er
in den Dienst von McKinsey ein, erklomm
schnell die interne Karriereleiter und wurde
1989 schliesslich Direktor der Schweizer Filiale. Gleichzeitig trat er in den Verwaltungsrat
der Muttergesellschaft in New York ein. 1994
verliess Mühlemann die Consultingfirma und
wurde zum Generaldirektor der Schweizeri-

schen Rückversicherungsgesellschaft ernannt, einer der global grössten Rückversicherungskonzerne. Zwei Jahre später wurde er neuer Generaldirektor der Credit Suisse.

Ab den 1980er-Jahren avancierte der MBA-Titel zu einem wichtigen Distinktionsmerkmal innerhalb der Wirtschaftseliten. Diese von den amerikanischen *Business Schools* entwickelte Ausbildung wurde einer der wichtigsten Kanäle zur Verbreitung der Heilsidee der Markteffizienz oder der Maximierung des *Shareholder Value* für die Unternehmen.[46] Während 1980 erst 5 Prozent der Schweizer Wirtschaftseliten einen MBA-Titel besassen, so stieg dieser Anteil auf 17 Prozent im Jahr 2000 und auf 27 Prozent im Jahr 2010. Zu Beginn schrieben sich in erster Linie Ingenieure mit ETH-Abschluss in den MBA-Studiengängen ein – wohl um ihre Managementkompetenzen zu verbessern. Heute besitzt fast ein Drittel der Schweizer Wirtschaftsführer einen MBA – sei dies im Bankensektor, in der Maschinenindustrie oder in der Chemie. Gleichzeitig entwickelte sich die MBA-Landschaft selbst weiter – sie internationalisierte und hierarchisierte sich. MBAs wurden fortan nicht mehr ausschliesslich von amerikanischen Universitäten angeboten. Europäische Institutionen wie die London School of Economics (LSE), das Institut européen d'administration des affaires (INSEAD) in Paris oder das Institute for Management Development (IMD) in Lausanne gehören heute zu den weltweit prestigeträchtigsten *Business Schools*.

Hartnäckiger Familienkapitalismus

Zwischen 1957 und 1980 erlebte die Schweiz einen Niedergang des Familienkapitalismus. Sowohl die Anzahl der von Familien kontrollierten Unternehmen als auch der Anteil von Nachkommen der Gründerfamilien, die in «ihrem» Unternehmen Leitungsfunktionen ausüben, ging zurück (Kapitel 3). Zwischen 1980 und 2010 blieb die Anzahl der Familienunternehmen dagegen stabil beziehungsweise nahm sogar leicht zu (Tabelle 16).

Der Grund für diese Stabilität waren neu gegründete oder bestehende Familienfirmen, die dank starkem Umsatzwachstum und Börsenkapitalisierung in den Kreis der 110 grössten Schweizer Unternehmen aufstiegen. Zu diesen Firmen zählen Serono (Familie Bertarelli), Synthes-Stratec (Hansjörg Wyss), Phonak-Sonova (Andy Rihs), Emil Frey (Familie Frey), Kudelski (Familie Kudelski), Straumann (geleitet von Thomas Straumann), die Ammann Group (Familie Ammann), die AMAG (Familie Haefner), Firmenich (Familie Firmenich), Manor (Familien Maus und Nordmann), Ringier (Familie Ringier), Tamedia AG (Familie Coninx) und Swatch (Familie Hayek).

Auch wenn diese «neuen» Firmen in den unterschiedlichsten Branchen tätig sind (Maschinen- und Uhrenindustrie, Handel, Medien), gibt es gemeinsame Tendenzen. Viele von ihnen investierten in den Medizinal- und Biotechnologiesektor. Serono, Synthes-Stratec, Straumann und Phonak-Sonova beispielsweise gelang es, vom starken Schweizer Industrie-Know-how zu profitieren und gleichzeitig ihre Produktionsstrategien anzupassen, um sich auf dem boomenden internationalen Markt der Bio- und Medizinaltechnik zu

positionieren. Synthes-Stratec und Straumann entstanden beide aus einem 1951 von Reinhard Straumann (1892–1967) in Waldburg (BL) gegründeten
Forschungslabor, das Metalllegierungen für die Uhrenindustrie entwickelte. Das Know-how aus diesem
Geschäft wandten die Firmenchefs später auf die
Medizinaltechnik an, wandelten ihre Unternehmen
über Management-Buy-outs in eigenständige Gebilde um und gingen an die Börse – Straumann 1998,
Synthes 2004; ähnlich gelagert sind die Börsengänge
von Phonak 1994 oder Serono 1996. Die Inhaberfa-
milien wurden dank der Finanzierung und Expansion
ihrer Firmen über die Börsenmärkte reich. Ihre Funktionsweise unterscheidet sich aber grundsätzlich von
jener der Familienunternehmen der ersten Hälfte des
20. Jahrhunderts.

Tabelle 16

Anteil der Familienunternehmen an den 110 grössten Schweizer
Unternehmen, 1980–2010 (in absoluten Zahlen und in Prozenten)

	1980	2000	2010
Alle Unternehmen	107	107	108
Familienunternehmen	40 37,4%	41 38,3%	45 41,7%

Als Familienunternehmen gelten hier Firmen, bei denen Nachkommen im Verwaltungsrat sitzen oder bei denen Familien grosse Anteile am Aktienkapital halten.

Bei den «neuen» Familienunternehmen scheinen die
Verbindungen zwischen der Familie und dem Unternehmen weniger stark und dauerhaft zu sein. So verkaufte Ernesto Bertarelli (*1965) 2006 Serono an den
deutschen multinationalen Konzern Merck. Hansjörg

Wyss (*1935) tat 2012 dasselbe mit Synthes-Stratec, die an Johnson & Johnson ging. Auch das Beispiel von Sika ist für den Rückzug gewisser Familien charakteristisch. Ende 2014 beschlossen die Nachkommen der Gründerfamilie Burkard, die zwar nur 16,1 Prozent des Aktienkapitals, aber 52,9 Prozent der Stimmrechte hielt, ihre Beteiligung an den französischen Konzern Saint-Gobain, einen direkten Konkurrenten von Sika, zu verkaufen. Dieser Beschluss stiess auf den geschlossenen Widerstand der Direktion und der übrigen Verwaltungsratsmitglieder, welche die Übernahme der Firma per Rechtsweg bekämpften und sich weigerten, den neuen Besitzer ins Aktienregister einzutragen.

Die Nachkommen dieser neuen Familienunternehmen tauchten mit der Zeit alle in der seit 1989 von der Zeitschrift *Bilanz* erstellten Jahresrangliste der Personen mit dem grössten Schweizer Vermögen auf. So stand Ernesto Bertarelli 2010 beispielsweise auf dem vierten Platz. Seine Familie hält über die Firma Ares Life Science nach wie vor Anteile in der Biotechnologiebranche (aber auch im Immobiliensektor), mit einem geschätzten Vermögen von 10,5 Milliarden Franken. Walter Haefner (1910–2012) von AMAG und Hansjörg Wyss standen ihrerseits auf dem achten beziehungsweise zehnten Platz der Rangliste.

Stockende Feminisierung

Bis in die 1980er-Jahre fehlten Frauen in den Wirtschaftseliten fast vollständig (Kapitel 2). Seither kam es zu einem bescheidenen Wachstum der Anzahl Frauen in den Verwaltungsräten der 110 grössten Unter-

nehmen: Sie betrug im Jahr 2000 59 (6,9 %) und 2010
79 (8,9 %). Auf Generaldirektorenposten fehlten Frau-
en aber nach wie vor so gut wie vollständig. Im Jahr
2000 gab es keine einzige Generaldirektorin, und 2010
waren es nur zwei: Monika Ribar (*1959) bei Panal-
pina und Magdalena Martullo-Blocher (*1969) bei
der EMS Chemie. Obwohl mehr Frauen in den Verwaltungsrat berufen werden, werden sie dort nur sehr
selten Vizepräsidentinnen oder Präsidentinnen: Im
Jahr 2000 sind zwei Vizepräsidentinnen zu verzeich-
nen, 2010 vier Vizepräsidentinnen und eine Präsiden-
tin (Irene Kaufmann-Brändli bei Coop). Schliesslich
hielten Frauen auch im Vorstand der Unternehmerverbände Einzug. Im Jahre 2000 waren 7 von 95 und
2010 11 von 100 Vorstandsmitgliedern Frauen (darunter Renate Schwob bei der Bankiervereinigung
sowie Cristina Gaggini und Regina Ammann Schoch
bei Economiesuisse). Auch wenn die Frauen in den
Verbänden leicht besser vertreten sind, so verbleiben
sie mehrheitlich in untergeordneten Positionen. Im
internationalen Vergleich bleibt die Frauenvertretung
in den grössten Schweizer Unternehmen eine der
schwächsten in Europa.

Bis in die 1980er-Jahre sassen Frauen oft dank ihrer Verbindung zur Familie, die das Unternehmen besass oder kontrollierte, im Verwaltungsrat (Kapitel 2).
Im Jahr 2000 verfügten nur noch zwei Frauen, Rena
Maja Coninx Supino bei Tamedia und Nayla Hayek
(*1951) bei Swatch, über diese Art von Verbindungen;
2010 waren es 4 von 79, darunter Magdalena Martullo-Blocher bei der EMS Chemie. Die grosse Mehrheit
der heutigen Wirtschaftsführerinnen besetzen ihre
Positionen nicht mehr aufgrund ihrer Familienzugehörigkeit.

Allgemein ist die Vertretung der Frauen in den Spitzenpositionen der Grossunternehmen vielfältiger geworden. Obwohl viele Spitzenmanagerinnen dem Le-
bensmittel- und Detailhandelsbereich (Migros, Coop)
verhaftet bleiben, treten sie nun auch in den bundes-
nahen Unternehmen (SRG, Post, SBB, Swissair und
Kantonalbanken) sowie in multinationalen Konzernen
(Credit Suisse, Novartis, Zurich und UBS) in Erschei-
nung. Im Fall des Detailhandels können wir anneh-
men, dass es sich um Unternehmen mit einer mehrheitlich weiblichen Kundschaft handelt, die hoffen,
über die Wahl von Frauen in ihre Leitungsorgane ihre
Märkte und Produkte besser kennenzulernen. Im Fall
der öffentlichen und gemischtwirtschaftlichen, in den
1990er-Jahren teilweise privatisierten Unternehmen
erfolgte die Nomination stärker nach politischen und
demokratischen Kriterien. Die Sensibilität für Gleich-
berechtigungsfragen war hier höher und erleichter-
te den Frauen den Zugang zu Machtpositionen. Die
Chancen bleiben intakt, dass der Frauenanteil in den
Verwaltungsräten dieser Firmen, bei denen der Bund
ein wichtiger Aktionär bleibt, weiter steigt. Tatsächlich
hat der Bundesrat 2013 eine Frauenquote von 30 Prozent für bundesnahe Betriebe und Anstalten wie die
Post, die SRG und die SBB eingeführt. Die Berufung
von Frauen in den Verwaltungsrat der multinationalen Konzerne, namentlich in der Chemie und bei den
Banken, kann mit expliziten Strategien des *Diversity
Management* dieser Firmen erklärt werden. Ihre internationale Orientierung fördert die Offenheit für eine
stärkere Feminisierung ihres Spitzenmanagements zusätzlich. Im Herbst 2015 kündigte der Bundesrat ein
Projekt an, das eine Frauenquote von 30 Prozent in
den Verwaltungsräten und von 20 Prozent in den Ge-

neraldirektionen der Schweizer Unternehmen vorsieht.
Dieser Vorstoss, der seinen Ursprung im Rückstand
der Schweiz in diesem Bereich hat, stiess auf heftigen
Widerstand privatwirtschaftlicher Kreise. Das Risiko,
dass er im Parlament scheitern wird, ist gross.

Kapitel 10

Neuausrichtung der
unternehmerischen Machtnetze

1996 gab Helmut Maucher, der damals gleichzeitig Generaldirektor und Verwaltungsratspräsident von Nestlé war, sein Vorstandsmandat im Vorort, dem wichtigsten Spitzenverband der Schweizer Unternehmer, ab. Er wurde Präsident des European Roundtable of Industrialists (ERT), an dem die Spitzenmanager der grössten Unternehmen Europas teilnehmen. Im Jahr darauf übernahm er auch das Präsidium einer zweiten internationalen Unternehmerorganisation, der Internationalen Handelskammer (ICC). Zudem verliess er 1996 den Verwaltungsrat der Zürich Versicherungen und trat 1997 als Vizepräsident des Verwaltungsrats der Credit Suisse zurück. Ausser bei Nestlé hatte er damit in keinem Schweizer Grossunternehmen mehr eine Führungsfunktion. Mauchers Entscheidungen veranschaulichen eine Wende in der Koordination der Schweizer Spitzenunternehmen am Ende des 20. Jahrhunderts. Als Folge der wirtschaftlichen Globalisierung verloren die Verbindungen zwischen den grössten Schweizer Unternehmen stark an Bedeutung. Auch ihre Mitwirkung in den wichtigsten Spitzenverbänden (Kapitel 5 und 6) reduzierten die Schweizer Wirtschaftsführer zugunsten von Engagements in transnationalen Organisationen.

Der Niedergang des Schweizer Unternehmensnetzwerks

Das Netzwerk der grössten Schweizer Firmen, noch zu Beginn der 1980er-Jahre dicht und kohärent, löste sich gegen Ende des 20. Jahrhunderts immer mehr auf. Dies spiegelt sich in der Entwicklung der Netzwerkindikatoren zwischen 1980 und 2010 (Tabelle 17): 2010 waren Schweizer Grossfirmen im Durchschnitt nur noch mit 2,3 anderen Firmen über mindestens einen gemeinsamen Verwaltungsrat verbunden – 1980 waren es noch 8,6 gewesen. Die Netzwerkdichte sank im selben Zeitraum von 8,1 auf 2,2 Prozent. Beide Indikatoren liegen 2010 unter dem Niveau von 1910 (vgl. Tabelle 9, S. 74), was unterstreicht, wie sich das Netzwerk in den letzten drei Jahrzehnten aufgelöst hat.

Tabelle 17

Zusammenhalt des Netzwerks der 110 grössten Schweizer Unternehmen, 1980–2010

	1980	2000	2010
Dichte (in %)	8,1	3,9	2,2
Durchschnittliche Anzahl Verbindungen pro Unternehmen	8,6	4,2	2,3

Dichte: Anzahl der bestehenden Verbindungen im Verhältnis zur maximal möglichen Anzahl von Verbindungen.
Durchschnittliche Anzahl Verbindungen pro Unternehmen: Mehrfachverbindungen (d.h. wenn zwei Unternehmen über mehr als einen gemeinsamen Verwaltungsrat verbunden sind) werden nicht berücksichtigt.

Diese Entwicklung ist weitgehend der Auflösung der historischen Verbindungen zwischen den Banken und dem Industriesektor geschuldet, die wiederum

von den grundlegenden Umwälzungen im Schweizer
Bankenwesen seit Ende der 1980er-Jahre ausging.[47]
Die Grossbanken durchliefen eine starke Konzentra-
tionsbewegung, die zu mehreren bedeutenden Fusionen führte und 1998 im Zusammenschluss von Bankverein und Bankgesellschaft zur UBS gipfelte. Dieser
Konzentrationsprozess führte zu einem Rückgang der
Verbindungen mit dem Industriesektor. So waren beispielsweise 1980 die Bankgesellschaft und der Bankverein zusammen mit insgesamt 40 Industriefirmen
verbunden. Allein der Verwaltungsratspräsident der
Bankgesellschaft, Robert Holzach (1922–2009), sass
im Verwaltungsrat von acht weiteren Schweizer Industrieunternehmen. 2010 war die UBS dagegen nur
noch mit zwei Schweizer Unternehmen verbunden.
Die abnehmende Verflechtung von Banken und Industrie, die in Grafik 3 auf den Seiten 150/151 sichtbar
wird (siehe als Vergleich die Grafik 2 des Netzwerks
1980, S. 82/83), ist letztlich die Folge des Rückzugs
der Grossbanken aus dem Industriesektor. Aufgrund
der Globalisierung der Wirtschaftsbeziehungen und
der Deregulierung des Finanzsektors entschieden die
Schweizer Grossbanken seit den 1990er-Jahren, ihre
Aktivitäten im Investmentbanking und im Versiche-
rungsbereich auszubauen und ihre Präsenz auf den internationalen Märkten zu verstärken. Aktivitäten, die
mit dem Aufstieg der Finanzmärkte verbunden waren
– Börsengänge, Anlagefonds, Fusionen und Übernahmen –, boten höhere Gewinnaussichten. Dies bewog
die Grossbanken dazu, sich nach und nach aus dem
Kreditgeschäft zurückzuziehen. Diese Strategieände-
rung, die wir auch in Deutschland beobachten können, liess das Interesse der Bankiers abflachen, sich in
Verwaltungsräten von Industriefirmen zu engagieren.

Zugleich finanzierten sich die Industrieunternehmen zunehmend direkt über die Börse und waren daher immer weniger darauf angewiesen, Bankiers in ihren Verwaltungsräten zu haben.

Doch nicht nur zwischen dem Banken- und dem Industriesektor lockerten sich die Verbindungen: Die Beziehungen zwischen den Mitgliedern des Netzwerks schwächten sich allgemein ab; nicht zuletzt, weil die Firmen sich immer stärker an den Prinzipien des *Shareholder Value* ausrichteten.[48]

Um die Verwaltungsräte effizienter zu machen – der Begriff Effizienz wird in der *Corporate Governance* Ende des 20. Jahrhunderts zunehmend wichtig –, setzten die Vertreter des *Shareholder Value*-Ansatzes die Aktiengesellschaften unter Druck, ihre Verwaltungsräte zu verkleinern. Zudem sollten die Verwaltungsräte die Anzahl ihrer Mandate reduzieren. Generell verlangten die *Shareholder Value*-Anhänger von den Firmen mehr Transparenz und eine Ausrichtung auf internationale buchhalterische Standards. Seit Anfang des 21. Jahrhunderts ist deshalb festzustellen, dass sich die Grösse der Verwaltungsräte und die Anzahl der von einzelnen Mitgliedern gehaltenen Mandate verringern. Dies trägt zu einem Rückgang der firmenübergreifenden Verbindungen bei. Interessanterweise wurden diese Forderungen in den 1930er-Jahren teilweise schon von der Linken erhoben – allerdings aus diametral entgegengesetzten Gründen. Während die Vertreter des *Shareholder Value*-Ansatzes die Profite maximieren und Minderheitsaktionäre schützen wollen, prangerte die Linke mit ihren Forderungen die Machtkonzentration in den Händen einer kleinen Elite an.

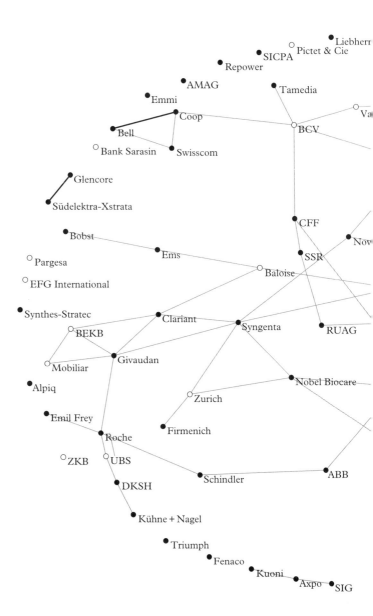

Die Linien verbinden Firmen mit gemeinsamen Verwaltungsratsmitgliedern, die Dicke der Verbindungslinie variiert proportional
zur Anzahl der gemeinsamen Verwaltungsräte.

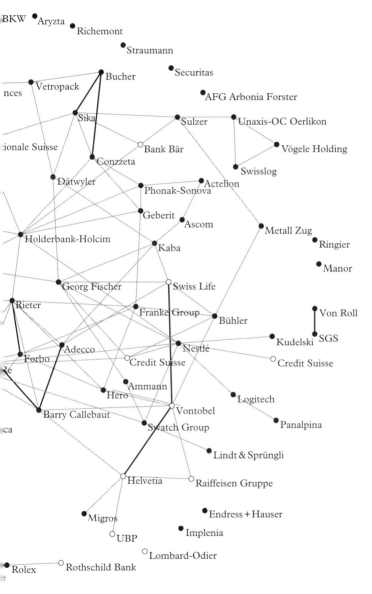

Weisse Punkte stehen für Banken, Finanzgesellschaften und Versicherungen, schwarze Punkte für Unternehmungen aus anderen Wirtschaftssektoren.

Von der Koordination zur Konkurrenz

Die Abnahme der Verflechtungen zwischen den grössten Unternehmen ist nur ein Aspekt des Übergangs von einer koordinierten Marktwirtschaft zu einem liberaleren und stärker am Wettbewerb orientierten System. Im Laufe der 1980er-Jahre kam es auch zu einem beschleunigten Abbau der Kartelle, die Konkurrenz zwischen den Unternehmen nahm zu. In diesen Jahren erfuhr die Öffentlichkeit erstmals auch von feindlichen Übernahmeangeboten. Gemacht wurden diese von einer neuen Figur der Schweizer Unternehmerelite, den *Corporate Raidern* (auf Deutsch: «Unternehmensplünderer»). Diese Raider versuchten, eine genügend hohe Beteiligung an Unternehmen zu erwerben, um damit ihre Strategie zu beeinflussen und den Wert ihrer Aktien erhöhen zu können. Am Ende des 20. Jahrhunderts zogen sich zudem einige wichtige Grossindustrielle aus den Spitzenverbänden zurück (Kapitel 11), und auch andere Faktoren trugen dazu bei, den einst so starken Zusammenhalt der Unternehmer zu schwächen. Insbesondere die Frage der Beziehungen zur EU spaltete die Unternehmerkreise.

Ein komplexes Zusammenspiel verschiedener Faktoren leitete also die Fragmentierung der Schweizer Wirtschaftseliten am Ende des 20. Jahrhunderts ein. Zu den oben erwähnten Gründen – Globalisierung und Finanzialisierung der Wirtschaft, Steigerung des *Shareholder Value* als neues Geschäftsmodell sowie Umwandlung des Bankensektors – kam, dass die «neuen» Familienunternehmen sich weit weniger als ihre Vorgänger ins Unternehmensnetzwerk einfügten. Zusätzlich zur Auflösung der alten Allianz zwischen den Grossbankiers und den Industriekapitänen trug

auch dieses mangelnde Engagement dazu bei, den
Zusammenhalt zwischen den Unternehmen zu schwächen. Familien, Bankiers und Unternehmerverbände vernachlässigten ihre lange gepflegte Mittlerrolle
und konnten die Wirtschaftseliten nicht mehr einen.
Schliesslich veränderte sich ab den 1990er-Jahren
auch das Profil dieser Eliten: Es kam zu einer «Ameri-
kanisierung» der Ausbildung und einer zunehmenden
Internationalisierung der Spitzenmanager (Kapitel 9).
Tatsächlich fügten sich ausländische Topmanager in
der Regel weniger gut ins Schweizer Wirtschaftsnetz-
werk ein.

Nicht zuletzt verstärkten sich diese unterschiedlichen Mechanismen gegenseitig. Wie bereits in Kapitel
5 erwähnt, waren die Verwaltungsräte nicht nur Orte,
an denen unternehmerische Machtstrategien entwor-
fen und beschlossen wurden. Sie waren – wie die Armee – auch gesellschaftliche Begegnungsorte, die es
den Wirtschaftsführern ermöglichten, sich auszutau-
schen und sich ihrer gemeinsamen Werte zu vergewis-
sern. Deshalb führte die Schwächung des Unternehmensnetzwerks auch zu einer Erosion des sozialen und
kulturellen Zusammenhalts innerhalb der Eliten, was
wiederum auf das Netzwerk Rückwirkungen hatte und
dieses weiter schwächte. Nicht immer ist es einfach, in
diesem sich selbst verstärkenden Prozess die Ursachen
präzise von den Wirkungen zu unterscheiden.

Die Verstärkung transnationaler Netzwerke

Zu Beginn des 21. Jahrhunderts waren die Schweizer
Wirtschaftsführer stärker fragmentiert als noch dreis-

sig Jahre zuvor. Die zunehmende Weltmarktorien-
tierung verschob den Fokus der unternehmerischen
Machtnetze auf eine transnationale Ebene. Der seit
zwanzig Jahren anhaltende Einzug von Ausländern
in die Verwaltungsräte der Schweizer Grossfirmen ist
ein Hinweis darauf, dass nationale Netzwerke von
transnationalen abgelöst werden, die die global grössten Unternehmen miteinander verbinden. Der Italo-
Kanadier Sergio Marchionne (*1952) beispielsweise, der 2010 den Verwaltungsrat der Société générale
de surveillance (SGS) präsidierte, führte gleichzeitig
den italienischen Industriekonzern Fiat. Dafür ver-
zichtete er auf weitere Mandate in anderen Schweizer
Grossunternehmen. Für die Internationalisierung der
Schweizer Wirtschaftseliten ist auch die Präsenz von
Schweizer Verwaltungsräten in ausländischen Grosskonzernen ein wichtiger Indikator. Im Jahr 2010 sass
André Kudelski (*1960), der an der Spitze der Schweizer Kudelski-Gruppe stand, auch im Verwaltungsrat
des französischen Konzerns Dassault Systèmes SA.
Gleichzeitig hatte der Franzose Laurent Dassault
(*1953) einen Sitz im Verwaltungsrat von Kudelski.
Diese Beispiele bestätigen die Existenz transnationaler
Verbindungen zwischen Schweizer und ausländischen
Grossunternehmen.

Das Beispiel von Helmut Maucher zeigt zudem,
dass der relative Rückzug der Wirtschaftseliten aus den
nationalen Spitzenverbänden teilweise zugunsten von
supranationalen Organisationen wie dem European
Roundtable of Industrialists erfolgte. Eine solche Einbindung der Wirtschafeliten in transnationale Netzwerke ist nichts Neues (Kapitel 5); neu ist, dass die
Eliten deswegen die nationalen Netzwerke vernachläs-
sigen.

Neue Spannungen in der Wirtschaftselite

«Wir haben nicht nur in der Politik, sondern auch in den Verbänden ein Konsenssystem. Dieses System hat sehr gut funktioniert, solange es in Grundsatzfragen noch eine nationale ‹unité de doctrine› gab. Heute, da dies immer weniger der Fall ist, führt dieses Konsenssystem dazu, dass der gemeinsame Nenner auf einem immer tieferen Niveau gesucht werden muss. Es stellt sich deshalb die Frage, ob wir nicht für eine gewisse Zeit zu einem Konkurrenzsystem wechseln, beispielsweise indem wir die Zauberformel abschaffen, bis wieder eine ‹unité de doctrine› hergestellt ist.»[49]

David de Pury (1943–2000), ehemaliger Delegierter für Handelsverträge im Bundesamt für Aussenwirtschaft und danach Verwaltungsratsdelegierter bei der ABB, griff in den 1990er-Jahren, mit einer Gruppe massgebender Wirtschaftsführer, pointiert in die öffentliche Debatte ein. In einer Reihe von Publikationen forderten die Autoren eine Liberalisierung der Schweizer Wirtschaft. Ihr politisches und mediales Engagement zeigt, welche neuen Bruchlinien das Unternehmerlager durchziehen und wie die Grossunternehmen versuchen, gegenüber der Politik neue Strategien zu entwickeln.

Die Nähe der Wirtschaftselite zu Politik und Verwaltung war lange eine Konstante der Schweizer Politik (Kapitel 7 und 8). Die jüngste Periode aber ist von einer wachsenden Distanz zwischen diesen beiden Akteursgruppen geprägt. Parallel zum Aufstieg von neuen, zunehmend internationalisierten Wirtschaftseliten (Kapitel 9) und zur Schwächung der Machtnetze der Grossunternehmen (Kapitel 10) kam es auch zu bedeutenden Umwälzungen, was die Beziehungen der Wirtschaftseliten zu den Behörden betrifft. Der Grund dafür liegt einerseits in der Stärkung der Verwaltung, andererseits in der Professionalisierung des Parlaments.

Neue Gräben in der Unternehmerschaft

Zu Beginn der 1990er-Jahre forderten die am stärksten internationalisierten Fraktionen der Wirtschaftselite immer dringlicher eine Liberalisierung der Schweizer Wirtschaft. Allerdings ging dieses neoliberale Programm nicht direkt von den Spitzenverbänden der Unternehmer aus. Es stammte von einer informellen Gruppe wirtschaftlicher Schwergewichte um Fritz Leutwiler (1924–1997), den ehemaligen Direktor der Nationalbank und späteren BBC-Verwaltungsratsdelegierten, und Stephan Schmidheiny (*1947), Verwaltungsratsmitglied bei zahlreichen Unternehmen. Wegen ihrer Unabhängigkeit vom Vorort, der als Verband die Positionen seiner Mitgliedsverbände berücksichtigen und mit anderen Organisationen aushandeln musste, hatte diese Gruppe eine grössere Freiheit, ihre Vorschläge inhaltlich zu formulieren. In diesem «10er-Club», wie ihn Fritz Leutwiler nannte, versammelten sich die Spitzenmanager der Schweizer Grossunternehmen, die sich vom Vorort nicht mehr genügend vertreten fühlten. «Deshalb haben wir eine Art Schattenorganisation aufgezogen», erklärte Fritz Leutwiler in einem Interview mit der *Weltwoche* am 4. Juni 1992.[50] Mit der wissenschaftlichen Rückendeckung einiger Ökonomen publizierten diese Grossunternehmer 1991 und 1995 zwei Weissbücher.[51] Das erste gab den Anstoss zu einem Revitalisierungsprogramm der Schweizer Wirtschaft, das der Bundesrat 1993 – nachdem der Beitritt zum Europäischen Wirtschaftsraum (EWR) vom Stimmvolk abgelehnt worden war – lancierte. Im Nachgang dieser beiden Publikationen wurde auch die Stiftung Avenir Suisse gegründet, ein neoliberaler Thinktank, der von den Grosskonzernen finanziert wird.

Gegenüber den informellen und diskreten Kontakten zu Verwaltung und Parlament, die die Unternehmerkreise bis dahin bevorzugten, markierte die Publikation dieser beiden Weissbücher einen Wendepunkt. Sowohl der Inhalt der Vorschläge wie auch die Art, wie sie verbreitet wurden, waren neu für die Schweizer Wirtschaftseliten. Durch den bewussten Entscheid, nicht den Weg über die formalen Organisationen zu gehen, sondern sich direkt an die Medien und die Öffentlichkeit zu wenden, konnten sie «radikalere» Forderungen formulieren, die den Positionen gewisser Teile der Unternehmerschaft widersprachen. Die Weissbücher schlugen ein Kartellverbot, eine Reform der arbeitsmarktbezogenen Ausländerpolitik und Massnahmen zur Liberalisierung des Binnenmarkts vor. Zudem stellten sie die protektionistische Landwirtschaftspolitik infrage. All dies stiess auf Opposition in den für den Binnenmarkt produzierenden Kreisen, die hauptsächlich im Gewerbeverband und im Arbeitgeberverband organisiert waren.

Trotz der Ablehnung des EWR verschärfte sich der
internationale Druck auf die Schweizer Wirtschaft zu
Beginn der 1990er-Jahre. Ein Zeichen dafür war die
steigende Arbeitslosigkeit. Wirtschaftliche Reformen,
die im gleichen Zeitraum initiiert wurden, zeugen
von einer Schwächung der binnenmarktorientierten
Branchen; diese hatten bisher traditionell von einem
selektiven Protektionismus – in Form von Subventionen oder einer Abschottung des nationalen Markts
– profitiert. Auch zwischen dem Finanzsektor und den
industriellen Branchen traten ab der zweiten Hälfte
der 1990er-Jahre Spannungen auf. Dabei standen Vertreter des *Shareholder Value*-Ansatzes wie Martin Ebner
(*1945), der Gründer der BZ Bank, UBS-Chef Marcel
Ospel (*1950) oder Lukas Mühlemann (*1950) von
der Credit Suisse Industriellen gegenüber; diese sprachen sich im Gegensatz zur *Shareholder Value*-Ideolo-
gie für langfristige Wachstumsstrategien aus, die sich
weniger stark an den Aktionärsentschädigungen orientierten. Im Lauf der 2000er-Jahre drohten mehrere
wichtige Mitgliederverbände wie Swissmem, der Bau-
meisterverband und der Verband der Schweizerischen
Uhrenindustrie damit, den Vorort – bzw. nun die Economiesuisse – zu verlassen, weil der Verband nur noch
den Finanzsektor und die Pharmaindustrie vertreten
würde.

Um diesen Zentrifugalkräften entgegenzuwirken,
ergriffen die Spitzenverbände verschiedene Reorga-
nisationsmassnahmen, darunter eine Vereinfachung
ihrer Strukturen und einen Personalabbau. Der wichtigste Vorschlag forderte, den Vorort, den Arbeitgeberverband und die Gesellschaft zur Förderung der
Schweizerischen Wirtschaft (wf) zusammenzuschlies-
sen. Die Mitgliederverbände des Arbeitgeberverbands

widersetzten sich dieser Idee jedoch mit grosser Mehrheit. Deshalb fusionierten 2000 bloss der Vorort und die wf zur Economiesuisse.

Zur gleichen Zeit zogen sich die Spitzenmanager der grossen multinationalen Konzerne aus den Unternehmerverbänden zurück. Historisch gesehen rekrutierten sich die Vorstände der Spitzenverbände aus Vertretern der wichtigsten Schweizer Unternehmen. Seit den 1990er-Jahren ist dies weit weniger der Fall. Bei seiner Pensionierung bedauerte Peter Hasler (*1946), der ehemalige Direktor des Arbeitgeberverbands, explizit den mangelnden Einsatz der Konzernchefs für die Unternehmerverbände: «Die Verbände müssen identifiziert werden können mit prägnanten Köpfen an der Verbandsspitze, die die Fahne der gemeinsamen Interessen voraustragen. Viele Unternehmerpersönlichkeiten stellen sich erfreulicherweise nach wie vor in den Dienst von Verbänden, aber die Präsenz der höchsten Unternehmensspitze ist nicht mehr so selbstverständlich wie früher.» Dieser Rückzug könne damit erklärt werden, so Hasler, dass es «angesichts der permanenten Medienzuspitzungen auch erheblich unangenehmer geworden» sei, «einen Verband in schwierigen Zeiten nach aussen zu vertreten».[52]

Als Folge des Groundings der Swissair 2001 und der Enthüllungen über die astronomischen Managerlöhne büssten die Schweizer Wirtschaftsführer in der Öffentlichkeit stark an Glaubwürdigkeit ein. Nicht zuletzt waren es Forderungen der Medien nach erhöhter Lohntransparenz, die die Debatte schürten. Auf der politischen Ebene schliesslich schwächte der Aufstieg der SVP, der sich auf Kosten der FDP und der CVP vollzog, den Zusammenhalt der bürgerlichen Parteien; dies wiederum machte es schwieriger, Forderun-

gen der Grossunternehmen politisch umzusetzen. Ein
Beispiel für die Veränderungen der politischen Land-
schaft ist der Gewerbeverband: Traditionellerweise
stark mit der FDP verbunden, wurde der Verband seit
der Jahrhundertwende nur von SVP-Parlamentari-
ern präsidiert, nämlich vom Zürcher Bruno Zuppiger
(1952–2016) und vom Freiburger Jean-François Rime
(*1950). Es ist wenig überraschend, dass diese Wechsel
zu Spannungen und Differenzen zwischen den Unternehmerorganisationen führten.

Schwächung der ausserparlamentarischen
Kommissionen – Stärkung der Verwaltung

Während des grössten Teils des 20. Jahrhunderts machten es die mangelhafte Ressourcenausstattung und die
teilweise fehlende Professionalisierung der Schweizer
Verwaltung den Unternehmerverbänden einfach, sich
in ausserparlamentarischen Kommissionen einzu-
bringen und enge Beziehungen mit der Verwaltung zu
pflegen (Kapitel 8). Die vorparlamentarische Phase,
die von den Verhandlungen zwischen den Wirtschaftsverbänden geprägt war, galt als wichtigste Etappe des
politischen Entscheidungsprozesses. Das Parlament
hingegen wurde als «Kopfnickergremium» betrachtet,
das lediglich die in der vorparlamentarischen Phase
geschmiedeten Kompromisse absegnete.

Seit den 1970er-Jahren gab es Bemühungen, die
Rolle des Parlaments aufzuwerten und die zahlreichen
ausserparlamentarischen Kommissionen transparenter zu machen. 1978 beklagte eine parlamentarische
Studienkommission in ihrem Bericht zur «Zukunft des

Parlaments» die schwache Rolle des Parlaments und
die Macht der Wirtschaftsverbände: «Die Entschei-
dung», zitiert der Bericht eine Analyse von 16 Bun-
deshausjournalisten, «verlagere sich in den vorparlamentarischen Raum, wo die Verbände gegenüber dem
Parlament ein Übergewicht erlangten. [...] Bei der
Gesetzgebung werde gute Detailarbeit geleistet. Die
Qualität leide aber unter der Quantität. Fast alle Entscheide und Kompromisse geschähen im Vorverfahren
und das Parlament folge zu stark der Verwaltung und
den Verbänden.»[53]
Solche Diagnosen trugen dazu bei, dass die ausserparlamentarischen Kommissionen zunehmend formalisierter und transparenter wurden. Der Bundesrat
reduzierte die Anzahl der Kommissionen. Zudem verringerte sich die Präsenz von Vertretern der Unternehmen und der Gewerkschaften in diesen Gremien in
den letzten 20 Jahren deutlich.
Auf der Ebene des Entscheidungsprozesses wurden die vorparlamentarische Phase und die ausserparlamentarischen Kommissionen zunehmend kritisch
hinterfragt; nicht zuletzt wegen ihres informellen und
diskreten Charakters, der den Unternehmervertretern eine privilegierte Mitsprache ermöglichte. Wie
verschiedene neuere Untersuchungen gezeigt haben,
verlor die vorparlamentarische Phase zugunsten des
Parlaments an Bedeutung (siehe unten).
Die stärkere Formalisierung der politischen Pro-
zesse und die Liberalisierung der Wirtschaft führten
dazu, dass sich gewisse Kommissionen in unabhängige
Aufsichtsbehörden verwandelten. Paradoxerweise zog
die Liberalisierung gewisser Wirtschaftszweige neue
Regulierungen nach sich. Ziel dieser Verstärkung und
Ausdehnung der Staatskompetenzen war es, das Funk-

tionieren des Wettbewerbs zu gewährleisten. Der Staat
tritt in unterschiedlichen Bereichen als Regulator auf:
So wurden ab 1995 die Kompetenzen und Ressourcen
der Wettbewerbskommission stark ausgebaut. Die Liberalisierung der Telekommunikationsbranche führte
1998 zur Gründung der Eidgenössischen Kommuni-
kationskommission (ComCom); im Rahmen der Teil-
liberalisierung des Elektrizitätsmarkts wurde 2008 die
Eidgenössische Elektrizitätskommission (ElCom) eingesetzt. Für die Überwachung der Finanzmärkte war
ab 2009 die Eidgenössische Finanzmarktaufsicht (Fin-
ma) zuständig, während die Zulassung neuer Medi-
kamente 2002 dem Schweizerischen Heilmittelinstitut
(Swissmedic) übertragen wurde.

Die bis dahin von der Privatwirtschaft praktizierte
kollektive Selbstregulierung kam durch die zunehmende Liberalisierung der Märkte und die Stärkung neuer Aufsichtsbehörden unter Beschuss. Die Rolle der
Unternehmerverbände als «gesellschaftliche Regulie-
rungsinstanzen» wurde geschwächt, die Konkurrenz-
logik des Marktes aufgewertet und von neuen Aufsichtsbehörden überwacht und begleitet. Diese neuen
Regulierungsorgane waren meist weit formalisierter
und transparenter als die ehemaligen ausserparlamentarischen Kommissionen.

Die Schaffung oder Neudefinition von «Aufsichtsbehörden» war auch mit dem klaren politischen Willen
verbunden, Vertreter der wichtigsten Wirtschaftsverbände in den Entscheidungsorganen zu marginalisie-
ren. Zuvor bestanden ausserparlamentarische Kommissionen wie die Eidgenössische Bankenkommission
oder die Kartellkommission zu grossen Teilen aus
direkt betroffenen Interessenvertretern, zum Beispiel
aus der Unternehmerschaft. Diese Mitsprache von

Interessenvertretern wurde nun zunehmend infrage
gestellt. Es setzte sich die Ansicht durch, dass solche
Agenturen in erster Linie aus unabhängigen Experten ohne direkte Interessenbindungen geführt werden
sollten. Allerdings findet man in den Aufsichtsbehörden weiterhin Unternehmervertreter, beispielsweise
in der Wettbewerbs- und der Elektrizitätskommission.
Es kommt auch häufig vor, dass Leitungsfunktionen
in Aufsichtsbehörden von ehemaligen Kadern der
Unternehmen besetzt werden, die sie eigentlich über-
wachen sollten – so besteht die grosse Mehrheit der
Finma-Direktion aus ehemaligen Kadern der Banken-
und Versicherungsbranche, wie zum Beispiel Eugen
Haltiner (UBS), Patrick Raaflaub (Credit Suisse) oder
Mark Branson (UBS).

Die Nähe zwischen Wirtschaftseliten und Verwaltung ist daher nicht verschwunden; sie nimmt vielmehr
neue Formen an. Während zuvor die Kumulation lei-
tender Funktionen verbreitet war, setzte sich in den
letzten beiden Jahrzehnten eine klarere Ausdifferenzie-
rung der Rollen und Funktionen durch. Diese vermag
allerdings den «Drehtüreffekt» zwischen Verwaltung
und Privatwirtschaft nicht gänzlich zu verhindern.

Professionalisierung des Parlaments und neue
Formen der Interessenvertretung

Parallel zum Wandel der Verwaltung kam es auch im
Parlament zu bedeutenden Neuerungen, die die Beziehungen zwischen den Wirtschaftseliten und den
gesetzgebenden Behörden neu definierten. Obschon
ein Hauptteil der Parlamentsreform in der Volksab-

stimmung vom September 1992 abgelehnt wurde,
nachdem ein von der SVP unterstütztes Komitee das
Referendum ergriffen hatte, wurde das Parlament aufgewertet und zunehmend professionalisiert. Die Einführung ständiger parlamentarischer Sachbereichskommissionen ermöglichte es den Parlamentariern,
sich verstärkt zu spezialisieren und Kompetenzen in
spezifischen Themenfeldern zu erwerben. Dies reduzierte ihre Abhängigkeit vom Fachwissen der Interessengruppen und Unternehmerorganisationen. Weiter
schwächte sich mit der schrittweisen Erhöhung der
Entschädigungen ab den 1990er-Jahren der Milizcharakter der Bundesversammlung ab, die Tendenz zur
Professionalisierung der Parlamentsmitglieder verstärkte sich. Immer mehr Abgeordnete widmeten sich
zu 100 Prozent ihrem Mandat.

Diese Dynamik veränderte die Beziehungen zwischen Wirtschaftselite und Parlamentariern. So nahm
die Zahl der Verwaltungsräte von Grossunternehmen
im Parlament seit den 1980er-Jahren deutlich ab;
zudem konzentrierte sich ein Grossteil dieser Verwaltungsratsmandate auf teilweise öffentliche Unternehmen wie zum Beispiel Kantonalbanken oder
Energiefirmen (Tabelle 18). Abgesehen von wichtigen
Ausnahmen wie dem Zürcher SVP-Politiker Christ-
toph Blocher (*1940), oder Johann Schneider-Am-
mann (*1952) von der Berner FDP, die beide nach
2000 in den Bundesrat gewählt wurden, sitzen heute
nur noch wenige Topmanager von Grossunternehmen
im Parlament.

Neben der zunehmenden Professionalisierung des
Parlaments gründet die starke Abnahme direkter Beziehungen zwischen Parlament und Grossfirmen auch
im Funktionswandel letzterer. Die Konzerne internati-

onalisieren sich zunehmend; die nationale Politikarena verliert für sie an Bedeutung. Auch der Rückzug der Spitzenmanager der Grosskonzerne aus den wichtigsten Wirtschaftsverbänden trug zur Schwächung ihrer Beziehungen zum Parlament bei.

Tabelle 18
Anzahl der Unternehmervertreter im Parlament, 1980–2010

	1980		2000		2010	
	1)	2)	1)	2)	1)	2)
FDP (+LPS)	22	5	15	9	6	8
CVP	6	4	4	5	2	2
SVP	9	3	4	4	4	5
SP	4	-	-	-	-	-
Andere	1	-	-	-	1	-
Total	42	12	23	18	13	15

1) Verwaltungsräte und Generaldirektoren der 110 grössten Schweizer Unternehmen; 2) Vorstandsmitglieder der vier Spitzenverbände (Vorort, Gewerbe-, Arbeitgeber-, Bauernverband).

Trotz der Professionalisierung des Parlaments nahm die Zahl direkter Verbindungen zwischen dem Parlament und den Spitzenverbänden der Wirtschaft seit den 1980er-Jahren zu, vor allem was den Gewerbeverband und den Bauernverband betrifft (Tabelle 18). Zudem nahm seit den 1990er-Jahren auch der Anteil von Firmenchefs im Parlament zu. Vor allem

KMU-Vertreter wurden, häufig in den Reihen der SVP, in die Volksversammlung gewählt. Die Präsenz von Unternehmersekretären im Parlament blieb stabil: Es sassen jeweils ungefähr vier bis fünf vollamtliche Unternehmerfunktionäre im Bundeshaus. Während die Grossunternehmen sich durch eine wachsende Distanz zur nationalen Politik auszeichneten, scheint das «Kleinunternehmertum» seine Beziehungen zu den politischen Behörden ausgebaut zu haben.

Die grössten Unternehmen entwickelten ihre eigenen, von den Unternehmerverbänden unabhängigen Lobby-Aktivitäten. Unter den von den Parlamentariern akkreditierten Personen – jeder Parlamentarier hat das Recht, zwei Personen Zugang zum Bundeshaus zu gewähren – stieg in den 2000er-Jahren die Zahl von *Public Relations*-Verantwortlichen von Grossunternehmen oder professionellen Lobbyisten aus Consultingfirmen stark an. Diese Entwicklung trug zur Fragmentierung der Interessenvertretung der Unternehmer und zu einem pluralistischen Unternehmer-Lobbying bei – auf Kosten der formellen Verbände.

Die Wirtschaftseliten versuchten zunehmend auch ihren Einfluss auf das aufgewertete Parlament zu verstärken. Von strategischer Bedeutung ist dabei die Einflussnahme auf die Debatten der Sachbereichskommissionen, die in den 1990er-Jahren geschaffen wurden. Diese sind bei der Festlegung der Gesetzesinhalte federführend, in den Plenumssitzungen kommt es nur selten zu Veränderungen der Kommissionsanträge. Lobbying-Strategien konzentrierten sich deshalb zunehmend auf Parlamentarier, die in den für die Unternehmen bedeutsamen Kommissionen sitzen. Auch die zunehmende Bedeutung öffentlicher Debatten und die Mediatisierung der Politik erhöhten den

Druck auf die Wirtschaftselite. Nach der Jahrhundertwende verloren die Wirtschaftsführer wegen der Polemiken zu den Managerlöhnen stark an Glaubwürdigkeit und stiessen auf ein wachsendes Misstrauen. Das erklärt auch die deutliche Annahme der Minder-Initiative «gegen die Abzockerei» im März 2013.

Schluss:

Transnationalisierung und Fragmentierung der Schweizer Wirtschaftseliten

Auch wenn sich die Schweizer Wirtschaft im 20. Jahrhundert stark internationalisierte, blieb die Kontrolle und Macht über die grössten Schweizer Firmen in der Hand eines kleinen Kreises von Wirtschaftsführern. Diese «Alpenfestung», wie sie gewisse ausländische Investoren nannten, war zwar stark internationalisiert, wurde aber von einer eng koordinierten nationalen Elite verteidigt.

Trotz des verzweigten Wirtschaftsgefüges und der Vielfalt des Schweizer Unternehmertums, besassen die Wirtschaftseliten gewisse gemeinsame Merkmale: Sie waren männlich, als Juristen oder Ingenieure ausgebildet; stammten aus sozial gehobenen Verhältnissen, dienten als Milizoffiziere in der Armee und engagierten sich in den Unternehmensverbänden. Ihre Differenzen konnten sie dank verschiedener Koordinationstaktiken und einer gemeinsamen Strategie gegenüber Politik und Verwaltung überwinden. Eine solche «Einheit in der Vielfalt» war nur dank der Mobilisierung und des Engagements vieler Wirtschaftsführern in den unterschiedlichen Koordinationsorganen des Schweizer Unternehmertums möglich. Die Wirtschaftselite bildete einen kohärenten Kern, der Mandate in Verwaltungsräten, Vorständen der Unternehmerverbände, ausserparlamentarischen Kommissionen oder in der Armeeführung kumulierte. Die Schwäche der politischen Institutionen und die mangelhaft ausgestattete Verwaltung ermöglichte es dem inneren Kreis der Wirtschaftselite lange, einen entscheidenden Einfluss auf das politische Leben auszuüben – trotz der demokratischen Offenheit der politischen Institutionen.

Die Kombination von sozialer Homogenität und politischer Einheit, welche diese Eliten über fast das ganze 20. Jahrhundert auszeichnete, schwächte sich ab den 1990er-Jahren beträchtlich ab. Tiefgreifende, von der Internationalisierung des Handels und der wachsenden Bedeutung der Finanzmärkte geprägte Umwälzungen der Wirtschaft wirkten sich auch auf die Zusammensetzung und die Prioritäten der Spitzenkräfte der grossen Schweizer Unternehmen aus. Der nationale Rahmen war nicht mehr länger massgebend für die Strategien, die die Grossfirmen und ihre Topmanager bezüglich Ausbildung, Sozialisation, Karriere, kollektive Koordination und Beziehungen zu Politik und Verwaltung entwickelten. Eine neue Generation von Wirtschaftsführern war ab den 1990er-Jahren immer weniger in nationale Strukturen eingebunden – dies verschärfte die Gegensätze und Differenzen unter den Wirtschaftseliten weiter.

An der Spitze der multinationalen Konzerne lässt sich der Aufstieg einer immer stärker internationalisierten Fraktion beobachten, die von den Realitäten der Schweizer Wirtschaft und Politik weitgehend abgekoppelt war. Ihr gegenüber stand eine binnenmarktorientierte Fraktion, die weit stärker im Wirtschaftsgeflecht des Landes verankert blieb. Was haben Tidjane Thiam (*1962), der CEO der Credit Suisse, und Jean-François Rime (*1950) gemeinsam? Während ersterer, aus Frankreich und der Elfenbeinküste stammend, ein kosmopolitisches Leben an der Spitze mehrerer Finanzgesellschaften führte, vertrat letzterer als Präsident des Gewerbeverbands und Mitglied der SVP den Kanton Freiburg im Nationalrat. Diese Diversifizierung und Fragmentierung verändert den Charakter und die Funktionsweise der Schweizer Wirtschaftseliten grundlegend. Die Zeit der alten Allianzen und Komplementaritäten zwischen Finanz- und Industriesektor, früher das Rückgrat der Koordination zwischen den grössten Unternehmen, scheint vorbei zu sein. Die Vertreter der multinationalen Konzerne engagieren sich kaum noch für die wichtigsten Unternehmerverbände. Die Fragmentierung der Wirtschaftseliten ist auch in der politischen Arena spürbar. Da jedes Grossunternehmen seine eigenen Lobbying-Strategien entwickelt, wird es für die Unternehmerschaft schwierig, gemeinsame Positionen und Strategien festzulegen – davon zeugen die jüngsten Abstimmungen zur Minder-Initiative «gegen die Abzockerei» oder die 2014 angenommene Masseneinwanderungsinitiative der SVP.

Handelt es sich dabei um eine Übergangsphase oder um dauerhafte Tendenzen? Welche Fraktionen werden als Sieger aus diesem Neuordnungsprozess hervorgehen? Noch ist es zu früh für eindeutige Schlussfolgerungen, doch gerade deshalb gilt es, die aktuellen Veränderungen der Schweizer Wirtschaftseliten weiterhin aufmerksam zu verfolgen.

Anhang

Anmerkungen

1   Meienberg, Niklaus, Die Welt als Wille und Wahn. Elemente zur Naturge-
     schichte eines Clans, Zürich 1987, S. 223.
2   Vgl. den historiografischen Überblick bei König, Mario, «Bürger, Bauern,
     Angestellte, alte und neue Eliten», Traverse 18 (2011), S. 104–136.
3   Gautschi, Georg, Bericht und Vorschläge zu einer Revision des Schweizeri-
     schen Aktienrechts von 1936, Zürich 1966, S. 194.
4   Mills, Charles Wright, Die amerikanische Elite. Gesellschaft und Macht in
     den Vereinigten Staaten, Hamburg 1962, S. 19.
5   2015 wurde von den Autoren an der Universität Lausanne das *Observatoire
     des élites suisses* (Obelis) gegründet. Auf dessen Website kann ein Teil der in
     diesem Buch verwendeten Datenbank konsultiert werden (www.unil.ch/
     obelis, zuletzt aufgerufen am 13. 6. 2017).
6   Für eine Liste dieser Unternehmen: David, Thomas, Mach, André, Lüpold,
     Martin, Schnyder, Gerhard, De la «Forteresse des Alpes» à la valeur
     actionnariale. Histoire de la gouvernance d'entreprise suisse (1880–2010),
     Zürich 2015.
7   Zitiert nach Ginalski, Stéphanie, Du capitalisme familial au capitalisme
     financier? Le cas de l'industrie suisse des machines, de l'électrotechnique et
     de la métallurgie au XXe siècle, Neuchâtel 2015, S. 238 (Anm. 188).
8   Wagner, Anne-Catherine, «Les élites managériales de la mondialisation:
     angles d'approche et catégories d'analyse», Entreprises et histoire 41 (2005),
     S. 15–23, insb. S. 17.
9   Bundesrat: «Bericht des Bundesrates an die Bundesversammlung über
     den Bundesratsbeschluss vom 8. Juli 1919 betreffend die Abänderung und
     Ergänzung des schweizerischen Obligationenrechts vom 30. März 1911 in
     bezug auf Aktiengesellschaften, Kommanditaktiengesellschaften und Genos-
     senschaften (Vom 20. August 1919). Beilage zum XII. Neutralitätsbericht»,
     Bundesblatt 4 (27. 8. 1919), Nr. 34, S. 512.
10   Unabhängige Expertenkommission Schweiz–Zweiter Weltkrieg: Die
     Schweiz, der Nationalsozialismus und der Zweite Weltkrieg. Schlussbericht,
     Zürich 2002.
11   Scott, Joan W., «La travailleuse», in: Duby, Georges, Perrot, Michèle (Hg.),
     Histoire des femmes en Occident, Vol. 4, Le XIXe siècle, Paris 1991,
     S. 479–531.
12   Ebd.
13   Schwarzenbach, Alexis, Die Geborene. Renée Schwarzenbach-Wille und
     ihre Familie, Zürich 2004, S. 238.
14   Vgl. zum Beispiel Nordlund Edvinsson, Therese, «Standing in the shadow
     of the corporation: women's contribution to Swedish family business in the
     early twentieth century», Business History 58 (2016), S. 532–546.

15 Sarasin weist eine gezielte Heiratspolitik zwischen Nachkommen der Basler Patrizierfamilien nach. Sarasin, Philipp, Stadt der Bürger. Bürgerliche Macht und städtische Gesellschaft, Basel 1846–1914, Göttingen 1997, S. 103.

16 Dabei gilt es daran zu erinnern, dass das Frauenstimmrecht in kantonalen oder kommunalen Fragen bis 1971 von Kanton zu Kanton unterschiedlich geregelt war. So führten die Kantone Waadt und Neuenburg das Frauenstimmrecht auf kantonaler und kommunaler Ebene bereits 1959 ein. Vgl. Studer Brigitte, «L'État c'est l'homme: politique, citoyenneté et genre dans le débat autour du suffrage féminin après 1945», Schweizerische Zeitschrift für Geschichte 46 (1996), S. 356–382.

17 Schulz, Patricia, «Une combinaison délétère, ou la néfaste interaction pour les femmes du droit public et du droit privé, en droit suisse», in: Jost, Hans Ulrich, Pavillon, Monique, Vallotton, François (Hg.), La politique des droits. Citoyenneté et construction des genres aux 19ᵉ et 20ᵉ siècles, Paris 1994, S. 129–144.

18 Gebrüder Sulzer (Hg.): 125 Jahre Sulzer, 1834–1959. Gebrüder Sulzer Aktiengesellschaft Winterthur Schweiz, Winterthur 1959, S. 107.

19 Berle, Adolf, Means, Gardiner, The Modern Corporation and Private Property, New York 1932.

20 Holliger, Carl, Die Reichen und die Superreichen in der Schweiz, Hamburg 1974; Höpflinger, François, Das unheimliche Imperium. Wirtschaftsverflechtung in der Schweiz, Zürich 1977.

21 Vgl. zur Frage der Neugründer: Joly, Hervé, Diriger une grande entreprise française au XXᵉ siècle. L'élite industrielle française, Tours 2013, S. 109.

22 Diesbach, Roger de, Die Armee, Lausanne 1988, S. 17.

23 Vgl. zur Ausbildung des Führungspersonals der Banken Guex, Sébastien, Sancey, Yves, «Les dirigeants de la Banque nationale suisse au XXᵉ siècle», in: Feiertag, Olivier, Margairaz, Michel (Hg.), Gouverner une banque centrale. Du XVIIᵉ siècle à nos jours, Paris 2010, S. 143–179; Cassis, Youssef, Debrunner, Fabienne, «Les élites bancaires suisses (1880–1960)», Schweizerische Zeitschrift für Geschichte 40 (1990), S. 259–273.

24 Schwarzenbach, Die Geborene, S. 240.

25 Weck, Philippe de, Ein Bankier steht Rede und Antwort. François Gross im Dialog mit einem Schweizer Bankier, Altstätten 1984, S. 14.

26 Schwarzenbach, Die Geborene, S. 249.

27 Windolf, Paul, Nollert, Michael, «Institutionen, Interessen, Netzwerke: Unternehmensverflechtung im internationalen Vergleich», Politische Vierteljahresschrift 42 (2001), S. 51-78.

28 Vgl. zur Entwicklung des Bankensektors Mazbouri, Malik, Guex, Sébastien, Lopez, Rodrigo, «Finanzplatz Schweiz», in: Halbeisen, Patrick, Müller, Margrit, Veyrassat, Béatrice (Hg.), Wirtschaftsgeschichte der Schweiz im 20. Jahrhundert, Basel 2012, S. 467–518.

29 Mazbouri, Malik, L'émergence de la place financière suisse, 1890–1913, Lausanne 2005, S. 429–432.

30 Siehe dazu Cortat, Alain, Un cartel parfait. Réseaux, R & D et profits dans l'industrie suisse des câbles, Neuchâtel 2009.

31 Jost, Hans-Ulrich, «Origines, interprétations et usages de la ‹neutralité helvétique›», Matériaux pour l'histoire de notre temps 93 (2009), S. 5–12, 10; vgl. auch Gruner, Erich, «100 Jahre Wirtschaftspolitik. Etappen des Interventionismus in der Schweiz», Schweizerische Zeitschrift für Volkswirtschaft und Statistik 100 (1964), S. 35–70.

32   Siehe zum US-amerikanischen und britischen Fall Useem, Michael, The
     Inner Circle. Large Corporations and the Rise of Business Political Activity
     in the US and UK, New York/Oxford 1984.
33   Gingembre, Léon, «L'unité patronale», Journal des associations patronales
     35 (1937), S.186. Der Artikel ist eine gekürzte Fassung eines Radiovortrags
     von Léon Gingembre, dem Anführer des französischen Gewerbeverbandes.
34   Vgl. zur Arbeitsteilung der Unternehmerverbände Eichenberger, Pierre,
     Mainmise sur l'État social. Mobilisation patronale et caisses de compensati-
     on en Suisse (1908–1960), Neuchâtel 2017.
35   Bodmer, Leo: «Dr. Otto Steinmann zum 70. Geburtstag», Schweizerische
     Arbeitgeber-Zeitung 41(1946), S.405.
36   Vgl. Pilotti, Andrea, Le Parlement suisse et ses membres entre démocratisa-
     tion et professionnalisation (1910–2016), Zürich/Genf 2017.
37   Die Kampagne der Unternehmerkreise wird beschrieben bei Billeter, Gene-
     viève, Le pouvoir patronal. Les patrons des grandes entreprises des métaux
     et des machines (1919–1938), Genève 1985, S.150 ff. Siehe auch Werner,
     Christian, Für Wirtschaft und Vaterland. Erneuerungsbewegungen und bür-
     gerliche Interessengruppen in der Deutschschweiz 1928-1947, Zürich 2000.
38   Verschiedene Beispiele bei Mach, André, Groupes d'intérêt et pouvoir
     politique, Lausanne 2015, S.67 ff.
39   Vgl. Dudouet, François-Xavier, Grémont, Éric, Les grands patrons en Fran-
     ce. Du capitalisme d'État à la financiarisation, Paris 2010.
40   Lüchinger, René, Nolmans, Erik, Rainer E.Gut: Bankier der Macht. Anato-
     mie einer Karriere, Zürich 2003.
41   Hartmann, Michael, Die globale Wirtschaftselite – Eine Legende, Frankfurt
     a.M. 2016.
42   Wagner, Anne-Catherine, Les classes sociales dans la mondialisation, Paris
     2007.
43   Dyllick, Thomas, Torgler, Daniel, «Bildungshintergrund von Führungs-
     kräften und Platzierungsstärke von Universitäten in der Schweiz», Die
     Unternehmung 61 (2007), S.71–96.
44   Lazonick, William, O'Sullivan, Mary, «Maximizing Shareholder Value: A
     New Ideology for Corporate Governance», Economy and Society 29 (2000),
     S.13–35.
45   Affentranger, Bruno, «Streng vertraulich», Bilanz, Juni 2003, S.5.
46   Khurana, Rakesh, From Higher Aims to Hired Hands: The Social Trans-
     formation of American Business Schools and the Unfulfilled Promise of
     Management as a Profession, Princeton 2010.
47   Siehe Schnyder, Gerhard, Lüpold, Martin, Mach, André, David, Thomas,
     The Rise and Decline of the Swiss Company Network During the 20th
     Century, Lausanne 2005, S.40–46.
48   Siehe zu dieser Frage Lordon, Frédéric, «La ‹création de la valeur› comme
     rhétorique et comme pratique. Généalogie et sociologie de la ‹valeur acti-
     onnariale›», L'année de la régulation 4 (2000), S.117–165.
49   Pury, David de, Schweizerische Handelszeitung, 17.2.1994.
50   «Fritz Leutwiler und die Verschwörung der Kapitäne. Der ABB-Pensionär
     gründete eine eigene Firma und betreibt mit zehn Freunden Rettungsversu-
     che an der Schweiz», in: Weltwoche, 4.6.1992, Nr. 23, S.21–23.
51   Leutwiler, Fritz, Schmidheiny, Stephan, Schweizerische Wirtschaftspolitik
     im internationalen Wettbewerb. Ein ordnungspolitisches Programm, Zürich
     1991; Pury, David de, Hauser, Heinz, Schmid, Beat, Ackermann, Josef

Meinrad, Mut zum Aufbruch. Eine wirtschaftspolitische Agenda für die Schweiz, Zürich 1995.

52 Hasler, Peter, «Verbandspolitiker im Gegenwind. Die Wirtschaftsverbände vor existenziellen Herausforderungen», in: Neue Zürcher Zeitung, 23.8.2006, S.15.

53 «Schlussbericht der Studienkommission der eidgenössischen Räte ‹Zukunft des Parlaments› vom 29.Juni 1978», in: Bundesblatt 2 (31.10.1978), Nr. 44, S.1145 und 1148.

Bibliografie

Einleitung

Holliger, Carl, Die Reichen und die Superreichen in der Schweiz, Hamburg 1974.
Höpflinger, François, Das unheimliche Imperium. Wirtschaftsverflechtung in der
    Schweiz, Zürich 1977.
Pollux, Trusts in der Schweiz. Die schweizerische Politik im Schlepptau der
    Hochfinanz, Zürich 1944.
Schröder, Wilhelm Heinz (Hg.), Lebenslauf und Gesellschaft. Zum Einsatz von
    kollektiven Biographien in der historischen Sozialforschung, Stuttgart 1985.
Stucki, Lorenz, Das heimliche Imperium. Wie die Schweiz reich wurde, Bern 1968.

Kapitel 1:
Zwischen Internationalisierung und Protektionismus

Bairoch, Paul, «La Suisse dans le contexte international aux XIXe et XXe siècles»,
    in: Ders., Körner, Martin (Hg.), La Suisse dans l'économie mondiale,
    Genève 1990, S. 103–140.
David, Thomas, Mach, André, Lüpold, Martin, Schnyder, Gerhard, De la
    «Forteresse des alpes» à la valeur actionnariale. Histoire de la gouvernance
    d'entreprise suisse (1880–2010), Zürich 2015.
Mazbouri, Malik, Guex, Sébastien, Lopez, Rodrigo, «Finanzplatz Schweiz», in:
    Halbeisen, Patrick, Müller, Margrit, Veyrassat, Béatrice (Hg.), Wirtschafts-
    geschichte der Schweiz im 20. Jahrhundert, Basel 2012, S. 467–518.

Kapitel 2:
Die Wirtschaft als Männerbastion

Jost, Hans-Ulrich, Pavillon, Monique, Vallotton, François, La politique des droits.
    Citoyenneté et construction des genres aux XIXᵉ et XXᵉ siècles, Paris 1994.
Schoeni, Céline, Travail féminin: retour à l'ordre! L'offensive contre le travail des
    femmes durant la crise économique des années 1930, Lausanne 2012.
Tanner, Albert, Arbeitsame Patrioten – wohlanständige Damen. Bürgertum und
    Bürgerlichkeit in der Schweiz 1830–1914, Zürich 1995.
Vinnicombe, Susan, Singh, Val, Burke, Ronald J., et al. (Hg.), Women on Corpo-
    rate Boards of Directors, Cheltenham, Northampton 2008.
Wecker, Regina, Studer, Brigitte, Sutter, Gaby, Die «schutzbedürftige Frau». Zur
    Konstruktion von Geschlecht durch Mutterschaftsversicherung, Nachtar-
    beitsverbot und Sonderschutzgesetzgebung, Zürich 2001.

Kapitel 3:
Die familiäre Herkunft als Schlüsselfaktor

Fernandez Perez Paloma, Colli Andrea (Hg.), The Endurance of Family
    Businesses, Cambridge 2015.
Ginalski, Stéphanie, Du capitalisme familial au capitalisme financier? Le cas de
    l'industrie suisse des machines, de l'électrotechnique et de la métallurgie au
    XXᵉ siècle, Neuchâtel 2015.
Hug, Daniel, Biswas, Chanchal (Hg.), Schweizer Wirtschaftsdynastien, Zürich
    2013.
Joly, Hervé, Diriger une grande entreprise au XXᵉ siècle. L'élite industrielle
    française, Tours 2013.
Müller, Margrit, «Good luck or good management? Multigenerational family
    control in two Swiss enterprises since the 19th century», Entreprises et
    histoire 12 (1996), S. 19-47.

Kapitel 4:
Auswahl der Führungskräfte: Bildung und Armee

Gugerli, David, Kupper, Patrick, Speich, Daniel, Die Zukunftsmaschine: Kon-
    junkturen der ETH Zürich. 1855–2005, Zürich 2010.
Honegger, Claudia, Jost, Hans-Ulrich, Burren, Susanne, Jurt, Pascal, Konkurrie-
    rende Deutungen des Sozialen. Geschichts-, Sozial- und Wirtschaftswissen-
    schaften im Spannungsfeld von Politik und Wissenschaft, Zürich 2007.
Jann, Ben, «Old-Boy Network. Militärdienst und ziviler Berufserfolg in der
    Schweiz», Zeitschrift für Soziologie 32 (2003), S. 139–155.
Jaun, Rudolf, Das Schweizerische Generalstabskorps 1875–1945. Eine kollektiv-
    biographische Studie, Band VIII, Basel 1991.

Kapitel 5:
Das Unternehmensnetzwerk

Carroll, William, Sapinski, Jean Philippe, «Corporate Elites and Intercorporate
    Networks», in: Scott, John, Carrington, Peter J. (Hg.), The Sage Handbook
    of Social Network Analysis, London 2011, S. 180–195.
Ginalski, Stéphanie, David, Thomas, Mach, André, «From National Cohesion to
    Transnationalization: the Changing Role of Banks in the Swiss Company
    Network (1910–2010)», in: David, Thomas, Westerhuis, Gerarda (Hg.), The
    Power of Corporate Networks: A Comparative and Historical Perspective,
    London 2014, S. 107–123.
Mizruchi, Mark S., «What Do Interlocks Do? An Analysis, Critique, and Assess-
    ment of Research on Interlocking Directorates», Annual Review of Sociology
    22 (1996), S. 271–298.
Nollert, Michael, «Interlocking Directorates in Switzerland: A Network Analysis»,
    Schweizerische Zeitschrift für Soziologie 24 (1998), S. 31–58.
Schnyder, Gerhard, Lüpold, Martin, Mach, André, David, Thomas, The Rise
    and Decline of the Swiss Company Network During the 20th Century,
    Lausanne 2005.

Kapitel 6:
Die Unternehmerverbände

Eichenberger, Pierre, Mach, André, «Organized Capital and Coordinated Market
Economy: Swiss Business Associations Between Socio-Economic Regulation
and Political Influence», in: Trampusch, Christine, Mach, André (Hg.), Con-
tinuity and Change in the Swiss Political Economy, London 2011, S. 63–81.
Gruner, Erich, Die Wirtschaftsverbände in der Demokratie, Erlenbach 1956.
Hohl, Marcela, Gegner, Konkurrenten, Partner, Grüsch 1988.
Humair, Cédric, Guex, Sébastien, Mach, André, Eichenberger, Pierre, «Les
organisations patronales suisses entre coordination économique et influence
politique. Bilan historiographique et pistes de recherche», Vingtième Siècle
115 (2012), S. 115–127.
Offerlé, Michel, Les patrons des patrons. Histoire du Medef, Paris 2013.

Kapitel 7:
Unternehmer in der Politik

Kriesi, Hanspeter, Entscheidungsstrukturen und Entscheidungsprozesse in der
Schweizer Politik, Frankfurt a. Main 1980.
Neidhart, Leonhard, Plebiszit und pluralitäre Demokratie. Eine Analyse der
Funktion des schweizerischen Gesetzesreferendums, Bern 1970.
Tschäni, Hans, Wer regiert die Schweiz? Eine kritische Untersuchung über den
Einfluss von Lobby und Verbänden in der schweizerischen Demokratie,
München 1987.
Werner, Christian, Für Wirtschaft und Vaterland. Erneuerungsbewegungen und
bürgerliche Interessengruppen in der Deutschschweiz 1928–1947, Zürich
2000.

Kapitel 8:
Das Verhältnis zur Verwaltung: Zwischen Verflechtung und Lobbying

Eichenberger, Pierre, Mainmise sur l'État social. Mobilisation patronale et caisses
de compensation en Suisse (1908–1960), Neuchâtel 2016.
Germann, Raimund E., Öffentliche Verwaltung in der Schweiz, Bern 1998.
Humair, Cédric, Développement économique et État central (1815–1914). Un
siècle de politique douanière suisse au service des élites, Bern 2004.
Leimgruber, Matthieu, Solidarity without the state? Business and the shaping of
the Swiss welfare state, 1890–2000, Cambridge 2008.
Rebmann, Frédéric, Mach, André: «Die ausserparlamentarischen Kommissi-
onen des Bundes», in: Ladner, Andreas, Chappelet, Jean-Loup, Emery,
Yves, Knoepfel et al. (Hg.), Handbuch der öffentlichen Verwaltung in der
Schweiz, Zürich 2013, S. 167–182.

Kapitel 9:
Die neuen Eliten

Bühlmann, Felix, David, Thomas, Mach, André, «Cosmopolitan Capital and the Field of Business Elites: Evidence from the Swiss Case», Cultural Sociology 7 (2013), S. 211–229.
David, Thomas, Mach, André, Lüpold, Martin, Schnyder, Gerhard, De la «Forteresse des Alpes» à la valeur actionnariale. Histoire de la gouvernance d'entreprise suisse (1880–2010), Zürich 2015.
Mach, André, David, Thomas, Bühlmann, Felix, «La fragilité des liens nationaux», Actes de la recherche en sciences sociales 190 (2011), S. 78–107.
Mäder, Ueli, Macht.ch. Geld und Macht in der Schweiz, Zürich 2015.
Parma, Viktor, Machtgier. Wer die Schweiz wirklich regiert, München 2007.

Kapitel 10:
Neuausrichtung der unternehmerischen Machtnetze

Carroll, William K., The Making of a Transnational Capitalist Class. Corporate Power in the Twenty-First Century, London/New York 2010.
Davoine, Éric, Ginalski, Stéphanie, Mach, André, Ravasi, Claudio, «Impacts of Globalization Processes on the Swiss National Business Elite Community: A Diachronic Analysis of Swiss Large Corporations (1980–2010)», Research in the Sociology of Organizations 43 (2015), S. 131–163.
Mizruchi, Mark S., The Fracturing of the American Corporate Elite, Cambridge 2013.
Nollert, Michael, «Transnational Corporate Ties: A Synopsis of Theories and Empirical Findings», Journal of World-Systems Research 22 (2005), S. 289–314.
Sklair, Leslie, The Transnational Capitalist Class, Oxford 2001.

Kapitel 11:
Neue Spannungen in der Wirtschaftselite

Daum, Matthias, Pöhner, Ralph, Teuwsen, Peer, Wer regiert die Schweiz? Ein Blick hinter die Kulissen der Macht, Baden 2014.
Häusermann, Silja, Mach, André, Papadopoulos, Yannis, «From Corporatism to Partisan Politics: Social Policy Making under Strain in Switzerland», Schweizerische Zeitschrift für Politikwissenschaft 10 (2004), S. 33–59.
Kriesi, Hanspeter, «Institutional Filters and Path Dependancy: the Impact of Europeanization on Swiss Business Associations», in: Streeck, Wolfgang, Grote, Jürgen, Schneider, Volker, Visser, Jelle (Hg.), Governing Interests: Business Associations Facing Internationalization, New York/London 2006, S. 49–67.
Pilotti, Andrea, Le Parlement suisse et ses membres entre démocratisation et professionnalisation (1910–2016), Zurich/Genève 2017.
Sciarini, Pascal, «Eppure si muove: The Changing Nature of the Swiss Consensus Democracy», Journal of European Public Policy 21 (2014), S. 116–132.

Abkürzungsverzeichnis

ABB	Asea Brown Boveri
ACMV	Ateliers de constructions mécaniques de Vevey
AEG	Allgemeine Elektricitäts-Gesellschaft
AGUT	Aktiengesellschaft für Unternehmungen der Textilindustrie (Schwarzenbach)
AIAG	Aluminium Industrie Aktiengesellschaft (heute Alusuisse)
APG	Allgemeine Plakatgesellschaft AG
ASUAG	Allgemeine Schweizer Uhrenindustrie AG (heute Swatch Group)
BBC	Brown, Boveri & Cie (heute ABB)
BCV	Banque Cantonale Vaudoise
BGB	Bauern-, Gewerbe- und Bürgerpartei (heute SVP)
BHB	Basler Handelsbank
BIGA	Bundesamt für Industrie, Gewerbe und Arbeit
BKW	Bernische Kraftwerke AG
BLS	Bern-Lötschberg-Simplon-Bahn
BOE	Bank für Orientalische Eisenbahnen
BPS	Banca Popolare di Sondrio
BSI	Banca della Svizzera Italiana
CEO	Chief Executive Officer
CKW	Centralschweizerische Kraftwerke AG
CVP	Christlichdemokratische Volkspartei
DKSH	Diethelm Keller Siber Hegner
EGL	Elektrizitäts-Gesellschaft Laufenburg AG
ETH	Eidgenössische Technische Hochschule
EWR	Europäischer Wirtschaftsraum
FDP	Freisinnig-Demokratische Partei
Finma	Eidgenössische Finanzmarktaufsicht
HPI	Hermes Precisa International AG
Indelec	Schweizerische Gesellschaft für elektrische Industrie
BEKB	Berner Kantonalbank
KMU	Kleine und mittlere Unternehmen
KVZ	Konsumverein Zürich
LPS	Liberale Partei der Schweiz
MBA	Master of Business Administration
MFO	Maschinenfabrik Oerlikon
PTT	Post-, Telefon- und Telegrafenbetriebe (heute Die Post und Swisscom)
RhB	Rhätische Bahn
SAV	Schweizerischer Arbeitgeberverband
SBB	Schweizerische Bundesbahnen
SBG	Schweizerische Bankgesellschaft (heute UBS)

SBV	Schweizerischer Bankverein (heute UBS)
SBV	Schweizerischer Bauernverband
SBV	Schweizerischer Baumeisterverband
SBVg	Schweizerische Bankiervereinigung
SFFS	Société financière franco-suisse
SFIS	Société financière italo-suisse
SFSIE	Société franco-suisse pour l'industrie électrique
SGCI	Schweizerische Gesellschaft für Chemische Industrie (heute Scienceindustries)
SGS	Société générale de surveillance
SGV	Schweizerischer Gewerbeverband
SHIV	Schweizerischer Handels- und Industrieverein, genannt Vorort (heute Economiesuisse)
SIG	Schweizerische Industrie-Gesellschaft
SKA	Schweizerische Kreditanstalt (heute Credit Suisse)
SLM	Schweizerische Lokomotiv- und Maschinenfabrik
SNB	Schweizerische Nationalbank
SP	Sozialdemokratische Partei der Schweiz
SRG	Schweizerische Radio- und Fernsehgesellschaft
SSS	Société suisse de surveillance économique
SVP	Schweizerische Volkspartei
UBP	Union Bancaire Privée
VSM	Verein Schweizerischer Maschinenindustrieller
wf	Gesellschaft zur Förderung der Schweizerischen Wirtschaft (heute Economiesuisse)
ZKB	Zürcher Kantonalbank
ZSAO	Zentralverband Schweizerischer Arbeitgeber-Organisationen (heute SAV)

André Mach hat an der Universität Lausanne Politikwissenschaften und Public Management studiert. 1998
war er Gastforscher am Wissenschaftszentrum für So-
zialforschung in Berlin, danach Assistent und Lehrbe-
auftragter an der Universität Lausanne. Seit 2015 ist er
ausserordentlicher Professor am Institut d'études politiques, historiques et internationales (IEPHI) der Universität Lausanne. Interessengruppen und die Schweizer Eliten bilden die Schwerpunkte seiner Forschung.

Thomas David schloss seine Studien an den Universitäten von Lausanne und Bordeaux mit einem
Doktorat in Geschichte ab. Von 1998 bis 2000 war
er Gastwissenschaftler an der Universität von Kali-
fornien. Danach erhielt er eine Assistenzprofessur an
der Universität Lausanne, wo er seit 2010 ordentlicher Professor für Internationale Geschichte ist. Zugleich ist er Direktor des Collège des humanités der
ETH Lausanne und Präsident der Schweizerischen
Gesellschaft für Wirtschafts- und Sozialgeschichte
(SGWSG). Er forscht zur internationalen Geschichte
und den Wirtschaftseliten.

Stéphanie Ginalski hat an der Universität Lausanne
Politikwissenschaften und Geschichte studiert. 2012
promovierte sie mit einer Arbeit zum Familienkapitalismus in der Schweiz. Sie ist Dozentin und For-
schungsbeauftragte am Institut d'études politiques,
historiques et internationales (IEPHI) der Universität

Lausanne. Ihre Forschungen, die auf schweizerischen und internationalen Kooperationen beruhen, umfassen die Geschichte des Kapitalismus, der Soziologie von Eliten und der Philanthropie.

Felix Bühlmann studierte Soziologie und Politikwissenschaften in Genf und Berlin. Nach seinem Doktorat an der Universität Lausanne 2008 war er Gastforscher an der Universität Manchester und später Verantwortlicher des Schweizerischen Sozialberichts. Seit 2011 ist er Assistenzprofessor und seit 2017 ausserordentlicher Professor an der Universität Lausanne. Sein Forschungsinteresse gilt der Lebenslaufsoziologie sowie politischen, wirtschaftlichen und akademischen Eliten.

Adrian Zimmermann hat an der Universität Bern Geschichte und Soziologie studiert und 2012 an der Universität Lausanne als Historiker promoviert. Im selben Jahr wurde er als Forscher an das Modern European History Research Centre (MEHRC) der Universität Oxford eingeladen. Von 2007 bis 2009 war er Direktor des historischen Archivs der SBB. Er ist Spezialist für die Geschichte der Arbeiterbewegung und der Gewerkschaften und übersetzt regelmässig wissenschaftliche Arbeiten aus dem Französischen ins Deutsche.

Dank

Diese Arbeit geht aus dem vom SNF finanzierten Forschungsprojekt «Die schweizerischen Eliten im 20. Jahrhundert: Ein unabgeschlossener Differenzierungsprozess?» hervor, welches nun schon fast zehn Jahre läuft. Unzählige Kollegen in der Schweiz und im Ausland, aber auch unsere Studentinnen und Studenten haben unsere Überlegungen bereichert. Ihnen allen sei hier gedankt.

Besonders möchten wir uns bei Éric Davoine, Pierre Eichenberger, Hervé Joly und Hans-Ulrich Jost für ihre Kommentare zu einer ersten Version des Texts bedanken. Unser Dank gebührt auch Marion Beetschen für ihre Forschungs- und Schreibarbeiten für das vierte Kapitel und für das Gegenlesen des Manuskripts.

Der Verlag Hier und Jetzt wird vom Bundesamt
für Kultur mit einem Strukturbeitrag für die Jahre
2016–2020 unterstützt.

Mit weiteren Beiträgen haben das Buchprojekt unterstützt:

prohelvetia

Faculté des sciences sociales et politiques,
Université de Lausanne

Französische Originalausgabe:
Les élites économiques suisses au XXe siècle, Edi-
tions Alphil, Neuchâtel 2016

Dieses Buch ist nach den aktuellen Rechtschreibre-
geln verfasst. Quellenzitate werden jedoch in origina-
ler Schreibweise wiedergegeben. Hinzufügungen sind
in [eckigen Klammern] eingeschlossen, Auslassungen
mit […] gekennzeichnet.

Umschlagbild: © Mark Henley
Übersetzung: Adrian Zimmermann
Lektorat: Felix Bühlmann; Alexander Jungo,
Hier und Jetzt
Gestaltung und Satz: Simone Farner, Hier und Jetzt
Druck und Bindung: CPI books GmbH, Ulm

© 2017 Hier und Jetzt, Verlag für Kultur und
Geschichte GmbH, Baden, Schweiz
www.hierundjetzt.ch
ISBN Print 978-3-03919-434-6
ISBN E-Book 978-3-03919-932-7